MERIAN *momente*

W0040462

DUBLIN

CHRISTIAN EDER

MERIAN *momente*-Apps im Apple App Store und bei Google Play

MERIAN momente PARIS

MERIAN momente LONDON

MERIAN momente ISTANBUL

MERIAN momente BERLIN

und viele Reiseziele mehr…

Download on the App Store

ANDROID APP ON Google play

Zeichenerklärung

	barrierefreie Unterkünfte
♀♂	familienfreundlich
🕐	Der ideale Zeitpunkt
	Neu entdeckt
	Faltkarte

Preisklassen

Preise für ein Doppelzimmer mit Frühstück:

€€€€ ab 200 €	€€€ ab 150 €
€€ ab 100 €	€ bis 100 €

Preise für ein dreigängiges Menü:

€€€€ ab 30 €	€€€ ab 20 €
€€ ab 10 €	€ bis 10 €

DUBLIN ENTDECKEN   4

DUBLIN ERLEBEN   20

DUBLIN ERKUNDEN 58

DAS UMLAND ERKUNDEN 126

DUBLIN ERFASSEN 134

KARTEN UND PLÄNE

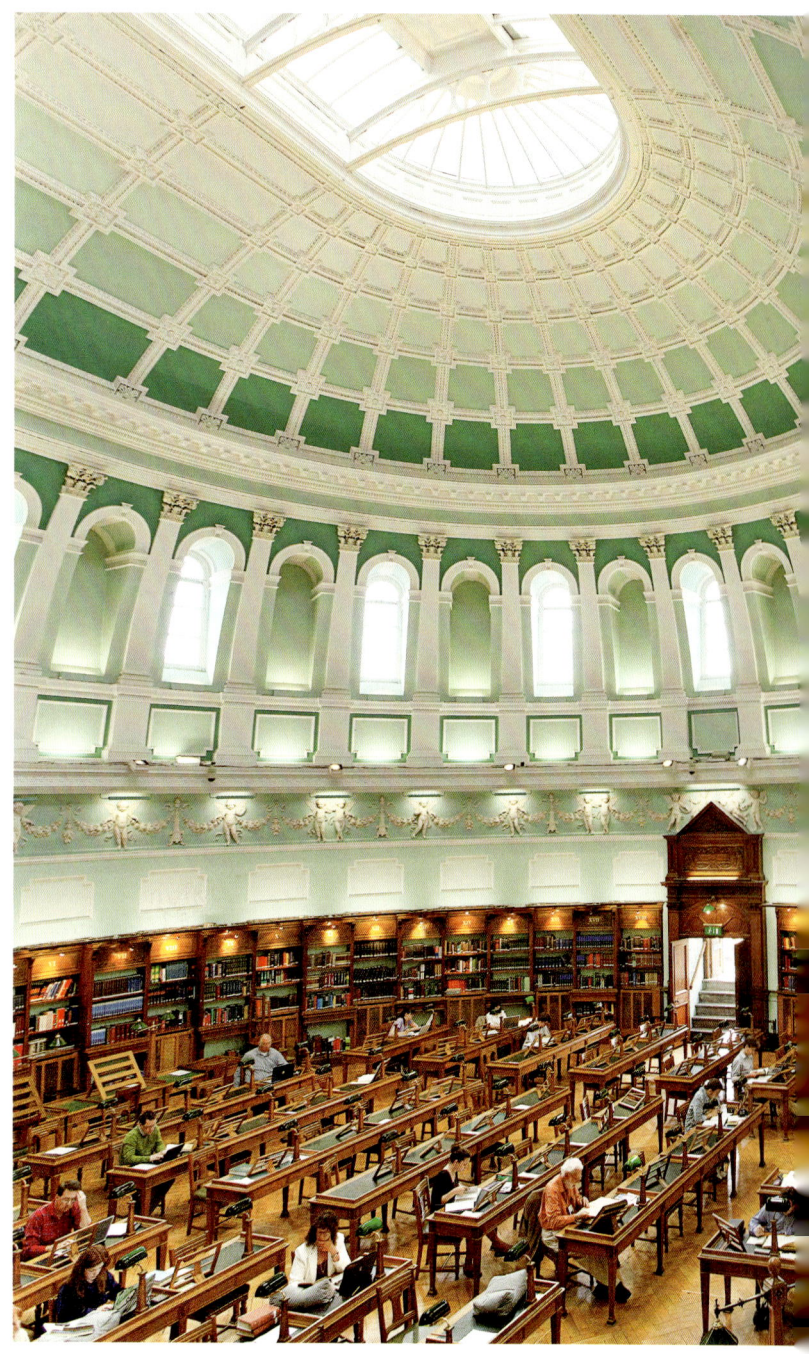

DUBLIN
ENTDECKEN

Der Lesesaal der National Library (▶ S. 76) ist auch für die Öffentlichkeit zugänglich.

MEIN DUBLIN

Dublin ist eine Stadt, die man einfach lieben muss. Seit ich vor fast 30 Jahren zum ersten Mal in die Stadt kam, ist sie fast wie eine zweite Heimat für mich geworden. Das liegt an der Herzlichkeit der Bewohner ebenso wie an der heimeligen Atmosphäre.

Traditionelle Pubs, ein Pint Guinness und ein Irish Stew gehören ebenso zu einem Dublin-Besuch wie die jungsteinzeitlichen Hügelgräber von Newgrange, Glendalough und keltische Mystik. Aber auch ein reges Kulturleben, exzellente Restaurants und moderne Architektur prägen die City. Und wer der Großstadt entfliehen will, den erwarten nahezu vor der Haustür Meer, Berge und üppig grüne Täler.

Dublin ist dabei kaum denkbar ohne den Rest von Irland: ohne eine beeindruckende Landschaft mit Klippen, einzigartigen Naturschönheiten und einer jahrtausendealten Geschichte, die sich in Hünengräbern, Hochkreuzen und Klöstern erhalten hat. Weite Teile Europas wurden von irischen Mönchen christianisiert.

In der Gravity Bar im Guinness Storehouse
(▶ S. 33) liegt dem Gast Dublin zu Füßen.

Die irische Hauptstadt ist trotzdem kein irischer Themenpark à la Disneyland, sondern eine moderne Metropole mit all den urbanen Problemen, die damit zwangsläufig verbunden sind: Verkehrsstaus, steigende Wohnungspreise und – verursacht von der jüngsten Wirtschaftskrise – wieder einmal eine hohe Arbeitslosigkeit.

MUSEEN, HERRENHÄUSER UND PUBS

Jeder kann in Dublin das finden, was er sucht: Vielfältige Museen, bestens erhaltene oder renovierte Schlösser und Herrenhäuser und faszinierende ursprüngliche Straßenzüge im georgianischen oder viktorianischen Stil. Wenn man aber die Nacht zu den neuesten Beats der Soundschmieden der Welt durchtanzen will, kann man das auch. Dublins Nightlife muss sich keineswegs verstecken. An der Theke eines urigen Pubs kommt man mit Italienern, Amerikanern oder Koreanern ins Gespräch. Oder mit einem North- oder Southsider – einem Dubliner, der aus einem der Viertel im Norden oder im Süden der Stadt stammt. Denn die »Dubs« – wie sie sich selbst nennen – unterhalten sich gerne mit Touristen. Bringen Sie das Gespräch aber nie auf die Probleme der Insel: Religion, die IRA und das Thema Nordirland sind immer noch heikle Angelegenheiten, die sehr viel Fingerspitzengefühl verlangen. Und obwohl die Zeit bekanntlich alle Wunden heilt: Auch britischer Chauvinismus ist nach wie vor nicht gern gesehen.

VON MEER UND BERGEN EINGERAHMT

Dublin ist selbst für Neulinge einfach zu erforschen: Im Osten ist die Stadt vom Meer begrenzt, im Süden von den Dublin und Wicklow Mountains. Der Liffey (oder auch die Liffey, ob der Fluss männlich oder weiblich ist, darüber streiten sich die Geister) trennt die irische Hauptstadt. Im Süden sind die wichtigsten Kirchen, Museen und Restaurants zu finden, das Regierungs- und das alte Universitätsviertel. Im Norden einige der wichtigsten Theater, der Hafen und die meisten Wohnbezirke. Ist man nur für ein Wochenende in der Stadt, findet man in Gehdistanz die wichtigsten »sights«: Trinity College mit der 1200 Jahre alten Handschrift des prachtvollen Book of Kells, Dublin Castle, St. Patrick's Cathedral, das National Museum of Archaeology and History mit seinen Schätzen, Galerien und jahrhundertealte Pubs mit traditioneller irischer Musik.

Denn die gälisch-irische Kultur ist in Dublin so lebendig wie sonst auch in Irland: Sogar auf den Autokennzeichen steht nicht Dublin, sondern Baile Átha Cliath, der gälische Name Dublins: »Die Stadt an der Hürdenfurt« heißt das auf Deutsch, wegen eines wichtigen Überganges über den Liffey. Der ebenfalls irische Name Dubhlinn bedeutet hingegen »schwarzes Becken« (ein Teich, der einst am Standort des heutigen Dublin Castle zu finden ist).

WIKINGER UND NORMANNEN

Gegründet (wie auch Waterford oder Limerick) von den Wikingern als Königreich Dublin, wurde es nach der normannischen Invasion im 12. Jahrhundert bald die wichtigste Stadt der Insel. Einen großen Aufschwung nahm die Stadt im 17. Jahrhundert, wurde die zweitgrößte Stadt des Britischen Empires und die fünftgrößte Europas. Nach der Unabhängigkeit Irlands im Jahre 1922 nahm das neue Parlament, die Oireachtas, Sitz in Leinster House und Dublin wurde die Hauptstadt zuerst des Irischen Freistaates und später der Republik Irland.

Im frühen 18. Jahrhundert zogen die Dubliner aus dem Zentrum der damals prosperierenden Stadt in den Norden: Rund um die Henrietta Street und den Mountjoy Square entstanden neue, elegante Wohnviertel. Vor allem das protestantische Dublin erlebte einen Aufschwung, nach der Eröffnung des irischen Parlaments 1782 wurde es auch eine der Kulturmetropolen Europas. Als aber Irland Anfang des 19. Jahrhunderts wieder der direkten Kontrolle der britischen Staatsmacht unterstellt wurde, wanderte die Oberschicht ab. Zuerst in den Süden der Stadt, wo rund um St. Stephen's Green herrliche Bauten entstanden, dann in die Küstenorte. Mitte des 19. Jahrhunderts kam die Hungersnot, bei der in ganz Irland rund eine Million Menschen starb und eine weitere Million auswanderte. Die Massen, die auf der Suche nach Überlebenschancen nach Dublin kamen, bevölkerten die Stadt. In den großen viktorianischen Häusern rund um die Henrietta Street, in denen einst eine reiche Familie mit Gesinde wohnte, lebten nun zum Teil Dutzende Personen. Dabei gab es sogar noch eine soziale Rangordnung: Wer in den feuchten Kellerräumen in den Hinterhöfen angekommen war, der war am Ende angelangt.

Im Norden der Stadt – rund um die Sackville Street, die heute O'Connell Street heißt – lag auch einer der Schauplätze der Revolution von 1916. Aber auch nach der irischen Unabhängigkeit 1922 blieb der Norden der Stadt proletarisch, der Süden weitgehend bürgerlich. Erst durch den ökonomischen Boom in den 1990er-Jahren änderte sich das: Die Wohnungspreise stiegen überall – im Norden wie im Süden. Neue Wohngebiete wurden in den Docklands erschlossen und viele Dubliner wohnen inzwischen im Umland und pendeln zum Arbeiten in die Stadt.

ERWACHEN DES KELTISCHEN TIGERS

Da schließt sich der Kreis: Wer es sich leisten kann, lebt heute wieder in Dublin-Zentrum und fährt am Wochenende in sein Sommerhaus in einem der Küstenorte: Dún Laoghaire oder Dalkey im Südosten zählen zu den bevorzugten Lagen, die auch U2-Sänger Bono oder Van Morrison als Domizil erkoren haben.

Aber noch bis vor zwei Jahrzehnten war Dublin eine verschlafene Hauptstadt an der Peripherie Europas, erst dann, mit Erwachen des keltischen Tigers, rückte es immer mehr in den Mittelpunkt. Zahlreiche Weltkonzerne – wie Google oder Microsoft – eröffneten ihre Europazentralen hier. Lange Zeit hatte die Wirtschaft Irlands die doppelten Wachstumsraten des Restes der EU. Den guten Ruf hat Dublin allerdings mit dem Gang unter den Europäischen Schutzschirm nach der Finanzkrise teilweise eingebüßt, obwohl das Land die Krise inzwischen weitgehend überwunden hat. Finanzsektor, Kommunikationsbranche und Neue Technologien stellen neben dem Dienstleistungssektor die wichtigsten Wirtschaftszweige in Irland dar.

Drei Universitäten und viele andere Ausbildungsstätten haben hier ebenfalls ihren Sitz, 2012 wurde Dublin zur europäischen Wissenschaftshauptstadt erkoren, nachdem sie 1991 bereits Kulturhauptstadt war.

Aber Dublin zeigt seinen Charme nicht sofort, man muss schon etwas danach graben. Und hin und wieder auch die ausgetretenen Touristenpfade und Pubrouten verlassen. In den Straßen und ausgedehnten Parks, in den Seeorten Howth oder Malahide, am Liffey oder am Hafen, in den Dublin Mountains oder in einer der modernen Galerien findet man immer wieder einen dieser Momente, die Dublin für mich zu einer der besten Städte der Welt machen.

DER AUTOR

Christian Eder (1964 im österreichischen Salzburg geboren) ist Reise- und Weinjournalist. Irland hat ihn schon vor Jahrzehnten in seinen Bann gezogen: zum Golfspielen, Wandern, für Kulturtrips oder einfach, um Dublins einzigartiges Flair zu genießen: für ihn eine der liebens- und lebenswertesten Hauptstädte Europas, in die er immer gerne zurückkehrt. Nicht zuletzt wegen der irischen Pubs.

MERIAN TopTen

Diese Höhepunkte sollten Sie sich bei Ihrem Besuch auf keinen Fall entgehen lassen: Ob Dublin Castle, Phoenix Park oder Temple Bar – MERIAN präsentiert Ihnen hier die wichtigsten Sehenswürdigkeiten Dublins.

⭐1 Guinness Storehouse
Dem dunkelbraunen Gerstensaft ist sogar eine Multimedia-Experience im ehemaligen Lagerhaus der Brauerei gewidmet (▶ S. 33).

⭐2 Phoenix Park
808 ha Grün, dazu ein Schloss und Dublins wunderbarer Zoo – die grüne Lunge der Stadt sollte man zu Fuß erkunden (▶ S. 34, 37, 83, 87, 137).

⭐3 Temple Bar
In diesem Stadtteil reiht sich eine Bar an die nächste. Dublins wichtigster Ausgehbezirk ist nicht nur bei Touristen beliebt (▶ S. 62).

⭐4 Dublin Castle
Einst Normannenburg, später Bollwerk der Engländer, beherbergt das Castle heute zwei Museen und die Chester Beatty Gallery (▶ S. 63, 65, 83).

⭐5 St. Patrick's Cathedral
Sie ist das Wahrzeichen Dublins und Irlands wichtigstes Gotteshaus: Auch die Grabstätte von Jonathan Swift ist zu sehen, der hier Dekan war (▶ S. 68).

⭐6 Trinity College
Der größte Schatz der Universität ist das Book of Kells – vor mehr als 1200 Jahren von Mönchen kunstvoll gefertigt (▶ S. 13, 63, 67, 69, 104, 120).

7 The Stag's Head

Eines der schönsten Pubs Irlands begeistert mit Holzintarsien, bunten Glasfenstern, Guinness, Livemusik und viel Atmosphäre (▶ S. 12, 72).

8 The Spire

120 m hoch, aus Stahl gefertigt und nachts ein schimmernder Stachel in den Himmel: The Spire auf der O'Connell Street ist das moderne Wahrzeichen Dublins (▶ S. 82, 88, 160).

9 Hugh Lane Gallery

Das Studio des Malers Francis Bacon ist nur eines der Highlights in der Stadtgalerie, und das stimmungsvolle Café lädt zu einer Verschnaufpause ein (▶ S. 89, 98, 108, 110).

10 National Museum of Ireland: Archaeology & History

Von keltischen Goldschätzen bis zu Funden aus dem Moor: Ein Besuch im Irischen Nationalmuseum wird auch Museumsmuffel begeistern (▶ S. 108, 112, 121).

MERIAN Momente
Das kleine Glück auf Reisen

Oft sind es die kleinen Momente auf einer Reise, die am stärksten in Erinnerung bleiben – Momente, in denen Sie die leisen, feinen Seiten der Stadt kennenlernen. Hier geben wir Ihnen Tipps für kleine Auszeiten und neue Einblicke.

① The Stag's Head ◆ E5

Das Guinness läuft samtig ins Glas, die Nachmittagssonne schafft es dank der Glasfenster nur, für schummriges Licht in der Bar zu sorgen. Ein ruhiger Platz inmitten des Stadtzentrums, dunkles Holz, über der Bar eine Hirschtrophäe mit mächtigem Geweih – das **Stag's Head** ist eines der schönsten Pubs. Erst recht, wenn im ersten Stock die Musiker Fiedel, Banjo und »tin whistle« auspacken.

Wenn man nur ein Pub in Dublin besucht, dann sollte es das Stag's Head sein – auf einem der drei Stockwerke wird man sicher fündig: entweder in der Hauptbar mit den bunten Glasfenstern und den Holzintarsienarbeiten (die von den Tischlern gefertigt wurden, die auch die Kirchen nebenan ausgestattet haben). Oder im Stag's Tail unter der Hauptbar bei »Live-Trad«-Musik (Do, Fr). Oder in der viktorianischen Smoking Lounge hinter der Bar. Dublin 2 | 1 Dame Court | LUAS: St. Stephen's Green | Tel. 0 16 79 36 87 | www.thestagshead.ie | Küche 12–15, 17–19 Uhr

2 Irische Straßenmusiker E 6

Eine Menschenmenge auf der Grafton Street, mitreißende irisch angehauchte Musik, zwei Gitarren, Banjo, zwei Schlagzeuge, kein Sänger. Man kämpft sich durch, bis man einen Blick auf die Musiker erhascht, ein paar Leute tanzen vor den Verstärkern. In einem Gitarrenkoffer liegen CDs zum Verkauf, 10 € das Stück. Die Musik ist gut, aber ob man sie zu Hause jemals wieder hören wird? Ach, was soll's! »Rumblefish« heißt die Band, wie der Film von Francis Ford Coppola aus den 1980er-Jahren. Wer weiß, vielleicht spielen die Jungs in zwei Jahren auf den großen Festivals. Wie der schottische Shootingstar »Passenger« heute: Vor drei Jahren verkaufte er in Edinburgh noch CDs aus seinem Gitarrenkoffer. Damals war er noch ein unbekannter Straßenmusiker.

Dublin 2 | Grafton St.

3 Kildare Street Club E 6

Dublin ist voll von kleinen Details, hinter denen sich oft eine Geschichte verbirgt: Wenn Sie z. B. die National Library in der Kildare Street besuchen, werden Ihnen vielleicht ein paar Bil-

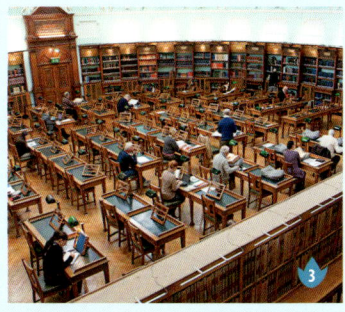

lard spielende Affen auf einem Fries an der Tür auffallen: In Stein gehauen wurden sie im 19. Jh. von den Brüdern O'Shea, die auch Bildhauerarbeiten am **Trinity College** ausführten. In dem Gebäude hatte bis 1977 der Kildare Street Club seine Räume. Lange Zeit ein elitärer Treffpunkt der protestantischen und angloirischen Aristokratie, galt der Kildare Street Club um 1900 nicht nur als der einzige Ort »… wo man vernünftigen Kaviar essen kann«, wie es ein Mitglied einst erklärte, sondern auch als klar gegen das »Home Rule« (die irische Selbstverwaltung) eingestellt. Die Affen sollen daher die Mitglieder des Clubs darstellen, will es die Legende.

Dublin 2 | Kildare St. | Tel. 0 16 03 02 00 | www.nli.ie | alle Stadtbusse LUAS: St. Stephen's Green | Mo–Mi 9.30–20.30, Do–Fr 9.30–16.30, Sa 10.30–12.30 Uhr | freier Eintritt

4 Essen im Bewley's Café Theatre E 6

Lust auf Lunchtime-Drama? Vielleicht ein Stück von George Bernard Shaw, Oscar Wilde oder Sean O'Casey? Oder eines der jungen irischen Autoren, während man seine Suppe löffelt?

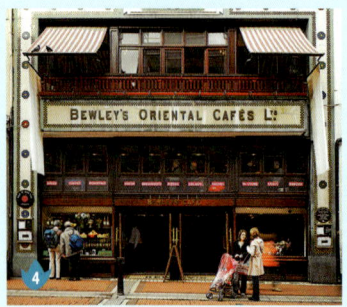

Dann sind Sie in Bewley's Café Theatre richtig. Denn die Mittagspause und niemals banale Theaterkunst gehen in Bewley's eine perfekte Einheit ein: Ein »Light Lunch« ist im Eintrittspreis inkludiert. Nicht nur das: Seit seiner Eröffnung im Jahr 1999 hat die kleine Bühne bereits zahlreiche Auszeichnungen von Kritikern erhalten, die vor allem den irischen Touch schätzen. Um 12.50 Uhr ist Einlass, man nimmt seine Plätze ein, umringt von Touristen und Dubliner Theaterbegeisterten. Das Stück beginnt um 13.10 Uhr und ist um 14 Uhr wieder vorbei. Dann bleibt noch genügend Zeit für die anderen Dubliner Sehenswürdigkeiten. Am Abend stehen im Bewley's dann Comedy, Kabarett oder Jazz auf dem Programm.

Dublin 2 | 78 Grafton St. | LUAS: St. Stephen's Green | Tel. 0 18 68 78 40 01 | www.bewleyscafetheatre.com | Lunchtime Shows Mo–Sa 13 Uhr, Abendshows auf Anfrage | Eintritt zwischen 12 und 15 € (kleiner Lunch inklusive)

5 Botanischer Garten in Glasnevin D 2

Dampfend-warm steht die Luft, überall wuchert und blüht es, draußen trommelt der Regen gegen die Scheiben: Wir sind im Großen Palmenhaus der botanischen Gärten von Dublin, 15 000 verschiedene Pflanzenarten aus der ganzen Welt sorgen hier für eine beispiellose Vielfalt der Vegetation, die von den Moosen und Flechten der extremen alpinen Vegetationszonen über Fels- und Rosengärten bis in die Tropen reicht. 300 gefährdete Pflanzenarten haben hier ebenso ein Refugium gefunden wie sechs, die in der Wildnis bereits ausgerottet sind. Eineinhalb Stunden dauert ein Spaziergang zwischen Farnen und Rosen, Moosen und Palmen.

Botanic Rd., Glasnevin | www.botanic gardens.ie | März–Okt. Mo–Fr 9–17, Sa, So 10–18, Nov.–Feb. Mo–Fr 9–16.30, Sa, So 10–16.30 Uhr | Eintritt frei

6 Maritimer Genuss in Dollymount östl. G 3

Dass Dublin am Meer liegt, wird einem erst bewusst, wenn man ein paar Kilometer in Richtung Küste fährt: z. B. nach Dollymount. Nicht weit von hier, in Clontarf, besiegte der keltische König Brian Ború die Wikinger, die über das Meer gekommen waren und Dublin gegründet hatten. Heute kommen im Sommer die Kitesurfer und Badegäste nach Dollymount und wandern durch die Dünen. Wenn man an einem lauen Sommernachmittag den weißen Sand durch die Finger rieseln und die Wellen über seine Füße plätschern lässt, dann könnte man meinen, irgendwo in südlichen Gefilden zu sein. Wäre da nicht das kühle Meer, das einen eher an eine Kur von Pfarrer Kneipp denken lässt als an einen Kopfsprung ins erfrischende Nass.

Dollymount | Bus: Dollymount, DART: Clontarf Road

 Im Januar in die National Gallery ◢ F 6

Nur im Januar kann man einen Blick auf einen der größten Schätze der National Gallery werfen: 31 Aquarelle des englischen Malers J. M. W. Turner in der zarten Verschwommenheit seines Stils, der die Impressionisten vorwegnahm, Sonnenuntergänge, Landschaften mit dem überirdischen Licht Turners. Sie wurden ursprünglich nur in diesem lichtarmen Monat Januar gezeigt, um sie vor dem Sonnenlicht zu schützen. Schon längst ist das aufgrund moderner Technik nicht mehr nötig, aber die National Gallery hat diesen Brauch beibehalten. Und macht damit den Januarbesuch in Dublins großer Galerie nicht nur für Turner-Fans zu einem Pflichttermin.

Dublin 2 | Merrion Square West | www.nationalgallery.ie | LUAS: St. Stephen's Green | Mo–Mi, Fr, Sa 9.30–17.30, Do 9.30–20.30, So 12–17.30 Uhr | Eintritt frei

Gegenwartskunst in der Duke Street ◢ E 6

Seit den 1970er-Jahren war die Apollo Gallery eine Institution unter Kunstfreunden: Die neuesten Arbeiten von Louis le Brocquy waren hier ebenso schon zu sehen wie Kohlezeichnungen von Ronnie Wood, dem Gitarristen der Rolling Stones. Auch der Dubliner Maler und Bildhauer Graham Knuttel war unter denen, die Eigner Hugh Charlton mit seinem feinen Fingerspitzengefühl für Innovatives als Erster entdeckte. Nach dem Ende der Apollo Gallery hat die Duke Street Gallery gleich nebenan eröffnet. Auch sie ist auf irische Kunst der Gegenwart (Alex McKenna, Stephen Cullen, Annie Robinson, George Dunne u. a.) spezialisiert und hat das gleiche Fingerspitzengefühl: Noch immer spürt man ab und zu das gewisse Etwas, wenn man ein neues Werk eines unbekannten Malers betrachtet.

17 Duke St., Dublin 2 | LUAS: St. Stephen's Green | www.dukestreetgallery.ie | Mo–Sa 10.30–18, So 11–18 Uhr | Eintritt frei

NEU ENTDECKT
Darüber spricht ganz Dublin

*Die Stadt befindet sich stetig im Wandel, Sehenswürdigkeiten
werden eingeweiht, neue Museen entstehen, Restaurants und
Geschäfte eröffnen und ganze Stadtviertel erlangen neue
Attraktivität, die Stadt verändert ihr Gesicht. Neu entdeckt:
Damit Sie keinen dieser aktuell angesagten Orte verpassen.*

◀ Im luxuriösen Marker Hotel (▶ S. 17) erwartet die Gäste eine Bar im Retrostil.

ÜBERNACHTEN

The Marker Hotel   F 5

Bar mit Aussicht – Mitten in den Docklands spielt das Marker in der ersten Liga der Dubliner Hotels. Großzügige Spa-Landschaft und eine »Rooftop« Lounge mit Blick über die Berge.
Dublin 2 | Grand Canal Square, Docklands | LUAS: Docklands | Tel 0 16 87 51 00 | www.themarkerhoteldublin.com | 187 Zimmer | €€€

Number 31   E 6

Gourmetfrühstück – Der Architekt Sam Stephenson hat dieses georgianische Stadthaus nach eigenen Vorstellungen gestaltet. Die geschmackvoll eingerichteten hellen Zimmer verteilen sich auf zwei Gebäude, dazwischen liegt ein ruhiger und idyllischer Garten.
Dublin 2 | 31 Leeson Close | LUAS: St. Stephen's Green | Tel. 0 16 76 50 11 | www.number31.ie | 21 Zimmer | €€

Pembroke Townhouse   G 7

Schmuckstück – Ein altes Townhouse wurde in ein stilvolles modernes Boutique-Hotel umgewandelt, alle Zimmer in zeitgemäßem Design.
Dublin 4 | 90 Pembroke Rd. | Bus/DART/LUAS: Pembroke Road | Tel. 0 16 60 02 77 | www.pembroketownhouse.ie | 48 Zimmer | €€

ESSEN UND TRINKEN

RESTAURANTS

Fine Cuts   D 5

Kreative Küche – Der ehemalige Dining Room des Clarence Hotels wurde von Oliver Dune (vom Bon Appétit in Malahide) und Rory Carville in ein modernes Großstadtrestaurant mit funktionell-minimalistischem Design umgewandelt. Die Auswahl der Speisen ist punktgenau und kreativ. Versuchen Sie das »St. Tola Goat Cheese Parfait« oder die knusprige Lammbrust mit Rosmarin und Knoblauch.
Dublin 2 | East Essex St., Temple Bar | LUAS: St. Stephen's Green | www.cleavereast.ie | €€€

Hatch & Sons   E 6

Im Museum – Im Parterre des Little Museum of Dublin (▶ Im Fokus, S. 116) untergebracht: »Fivemiletown Goat's Cheese«, »Beef & Guinness Stew« oder ein »Irish Free Range Chicken Salad« stehen auf der Speisekarte, die Grundprodukte stammen alle von ausgewählten irischen Farmern.
Dublin 2 | 15 St. Stephen's Green | LUAS: St. Stephen's Green | Tel. 0 16 61 00 75 | www.hatchandsons.co | Mo–Di 8–17, Mi–Do 8–21, Fr 8–17, Sa 9–18, So 11–17 Uhr | €€

Sixty6   E 6

Zentral – Sieben Tage und Nächte geöffnet hat sich das stylische Lokal zu einem der verlässlichsten Restaurants der Stadt entwickelt: Die französisch-mediterran angehauchte Brasserie hat von Hühnerleber auf Toast bis zu mit Aprikosen und Pflaumen gefüllter Entenbrust Köstliches auf der Karte. Auch die große Auswahl an Cocktails ist nicht zu verachten …

Dublin 2 | 66 South Great George's St. | LUAS: St. Stephen's Green | www. brasseriesixty6.com | Mo–Do 8–15, 17–23, Fr, Sa 10–23.30, So 10–23 Uhr | €€€

PUBS UND BARS

The Marker Rooftop Lounge 📍 G 5

Cocktailbar auf dem Dach der Designerherberge The Marker Hotel: In den Farben inspiriert vom Grau der Felsen des Burren (einer einzigartigen Karstlandschaft im Westen Irlands) und mit Blick auf die Dublin und Wicklow Mountains einer der besten neuen Plätze, um leckere Bruschette oder einen raffinierten Cocktail zu genießen. Probieren Sie unbedingt den »Blood Orange Mojito«!

Dublin 2 | Grand Canal Square, Docklands | LUAS: Docklands | www.the markerhoteldublin.com | Mi–Fr 17–23, Sa, So 13–23 Uhr | €€

Mulligan's Pub 📍 C 5

Schon mal irische Austern mit einem Glas rauchigen Whiskeys probiert? Oder ein Dubliner Weizenbier? Falls nicht, dann sind Sie bei L. Mulligan Grocer richtig (nicht zu verwechseln mit Mulligan's Pub in Temple Bar). Die junge Crew kocht kreativ und doch kostengünstig auf.

Dublin 7 | 18 Stoneybatter | LUAS: Smithfield | www.lmulligangrocer. com | Küche Mo–Fr ab 17, Sa, So ab 12.30 Uhr | €€

Solas 📍 D 6

An der Bar auf der Dachterrasse kann man den Tag ausklingen lassen, aber auch die anderen beiden Stockwerke stehen dem kaum nach: chillige und nicht selten jazzige Musik. Spezialität sind die Cocktails, für die das Lokal schon als beste Bar der Stadt ausgezeichnet wurde. Lediglich am Wochenende sollte man das Solas meiden: Dann ist es dort proppenvoll.

Dublin 2 | 31 Wexford St. | LUAS: Harcourt | Tel. 0 14 78 05 83 | www.solasbars. com | Fr–Sa 12–3, So–Do 12–1 Uhr | €€

The Wright Venue 📍 östl. G 1

Er gilt als bester Nachtklub der Stadt, und weltweit bekannte Live-DJs wie Laidback Luke und Pete Tong legen auf. Im Hauptraum sorgen riesige Kronleuchter und eine Discokugel für eine extravagante Atmosphäre, vier Podien für talentierte Tänzer umgeben die Haupt-Tanzfläche. Neben dem Hauptklub gibt es noch The Purple Room, The Back Stage Bar und VIP-Suites.

South Quarter | Airside Retail Park, Swords, Co. Dublin | Tel. 0 18 90 00 99 | www.thewrightvenue.ie | Fr–Sa 22–2.30 Uhr | €€

EINKAUFEN

ACCESSOIRES

Article 📍 E 6

Selbst designte Tischwäsche und Accessoires, beispielsweise Tassen und Geschirr, findet man in diesem Einrichtungsladen. Gekauft werden kann auch online.

Dublin 2 | 22 Powerscourt Townhouse, South William St. | LUAS: St. Stephen's Green | www.articledublin.com | Mo–Sa 10.30–18 Uhr

MODE

Dolls Boutique  D 6

Werfen Sie einen Blick auf Petria Lenehans tragbare und erschwingliche Designermode (designt und produziert in Irland) in ihrem eigenen Shop. Und den Kaffee nach dem Einkauf gibt's gleich daneben in Bibi's Café – betrieben von Petrias Schwester Maisha.

Dublin 8 | 14A Emorville Avenue | LUAS: Harcourt | www.dollsboutique.ie

Om Diva & Atelier 27 E 6

Die Designerin Ruth Ni Loinsigh residiert in einem viktorianischen Bau auf der Drury Street. In dem vierstöckigen Boutique- und Ateliergebäude kann man recycelte Vintage-Accessoires ebenso erwerben wie Designermode von rund 30 jungen Designern, die im hauseigenen Atelier 27 Unterschlupf gefunden haben.

Dublin 2 | 28 Drury St. | LUAS: St. Stephen's Green | Tel. 0 16 79 12 11 | www.facebook.com/OmDivaBoutique

KULTUR UND UNTERHALTUNG

12 Rutland Place E 4

Brandneues Lokal an der Northside, das sich Free Jazz und improvisierter Musik widmet. Es wurde von einer Gruppe junger Musiker gegründet. Konzerttermine auf Anfrage.

Dublin 1 | 12 Rutland Place | www. facebook.com/12Rutland | Öffnungszeiten und Konzerttermine auf Facebook

New Music Dublin E 6

2013 erstmalig durchgeführt, widmet sich das Festival einmal jährlich der zeitgenössischen Musik – aus Irland und darüber hinaus. Schauplatz der Konzerte ist die National Concert Hall.

Anfang März | National Concert Hall | LUAS: St. Stephen's Green | Programm und Tickets unter www.newmusic dublin.ie

⚑ Weitere Neuentdeckungen sind durch dieses Symbol gekennzeichnet.

Junge, freche Designermode und Accessoires im modischen Vintage-Look sind die Spezialität der Boutique Om Diva & Atelier 27 (▶ S. 19, 72) in der Drury Street.

DUBLIN
ERLEBEN

Bei Tag und Nacht prägen Straßenmusiker
das Bild des Ausgehviertels Temple Bar.

ÜBERNACHTEN

Das Angebot an Übernachtungen in Dublin wächst zunehmend: Designer- und Boutique-Hotels, georgianische Stadthäuser, Guesthouses und Bed & Breakfast. Gerade im Luxusbereich muss sich Dublin vor kaum einer anderen Kapitale Europas verstecken.

1992 haben Bono und The Edge, Sänger und Gitarrist der Rockband U2, die Zwei-Sterne-Herberge The Clarence gekauft und innerhalb weniger Jahre in ein Fünf-Sterne-Luxushotel umgebaut. Seither gilt das Haus als eine der Top-Adressen in Dublin. Das Clarence war eines der ersten, aber in den 1990er- und 2000er-Jahren ist in Dublin eine Reihe neuer Hotels jeder Kategorie aus dem Boden geschossen – Teil des Baubooms, der die Stadt von den Docklands bis in die City veränderte. Heute hat man keine Schwierigkeiten mehr, Zimmer jeder Kategorie in allen Teilen der Stadt zu finden.

GUESTHOUSE ODER B&B?

Aber auch Guesthouses und B&Bs findet man inzwischen ausreichend in und um Dublin: Der Unterschied? Guesthouses gelten als etwas luxuriö-

◀ Luxus und Komfort dominieren im viktorianischen Hotel The Merrion (▶ S. 24).

ser (und teurer), die Grenzen verlaufen aber fließend. Vor allem in den nördlichen Vororten rund um den Flughafen und den Seeorten ist die Auswahl an B&Bs groß, sie sind auch um einiges billiger als Zimmer in der City. En-Suite-Rooms mit eigenem Bad und WC sind inzwischen der Standard, Zimmer mit Etagendusche die Ausnahme. Die Preise beginnen bei rund 35 € pro Person und Nacht (im Doppelzimmer), Frühstück meist inklusive. Man unterscheidet »twinrooms« (mit zwei getrennten Betten) und »double rooms« (mit einem großen Bett). Einzelzimmer sind nur unwesentlich günstiger als Doppelzimmer. Apropos Frühstück: Irish Breakfast ist in Hotels, Guesthouses und B&Bs Standard, d. h. man erhält Würstchen, Eier, Schinken, »mushrooms«, »black and white pudding«, eine heiße Tomate und Toast. Davor gibt's Orangensaft und Cerealien, danach noch Butter und Marmelade auf den Toast.

BESONDERE EMPFEHLUNGEN

Blackstone House ⚑ E 9

Viktorianisch – Den Gast erwarten großzügige Zimmer in einem restaurierten viktorianischen Townhouse. Nach einem umfangreichen Irish Breakfast gibt es von Katie und William auch viele Tipps, was man in und um Dublin unternehmen kann.

Dublin 6 | 105 Upper Rathmines Rd. | Bus: Rathmines Road Upper | Tel. 01 4 96 72 32 | www.blackstonehouse.ie | 12 Zimmer | €

Botanic Villa ⚑ D 3

Strategisch günstig – In einem viktorianischen Gebäude untergebracht liegt dieses gemütliche B&B zwischen Stadtzentrum und Flughafen. Privater Parkplatz.

Dublin 9 | 13 Botanic Rd. | Tel. 01 8 30 21 80 | www.botanicvilla.com | 12 Zimmer | €€

The Clarence ⚑ E 5

Bonos Hotel – Seit 1992 im Besitz der U2-»Masterminds« Bono und The Edge, wurde die Zwei-Sterne-Herberge in ein modernes Fünf-Sterne-Hotel verwandelt. Der Londoner Designer Keith Hobbs kombinierte weiße Eichenpaneele mit italienischem Stein und lichtdurchfluteten Fenstern. Im Tea Room Restaurant wird eines der besten Breakfasts der Stadt serviert, in der Penthouse Suite quartieren sich normalerweise Rockstars und Supermodels ein.

Dublin 2 | 6–8 Wellington Quay | LUAS: Abbey Street | Tel. 01 4 07 08 00 | www.theclarence.ie | 50 Zimmer | ♿ | €€€

The Dylan ⚑ F 7

Himmlisch schlafen – 44 großzügige Zimmer und Suiten mit – nomen est omen – »7th Heaven«-Betten im Süden der Stadt. Einen Besuch wert ist die

Dylan Bar, bei irischen Temperaturen sorgt die beheizte Outdoor-Terrasse für Extravaganz. Das Dylan Restaurant kocht international auf hohem Niveau. Dublin 4 | Eastmoreland Place | LUAS: St. Stephen's Green | Tel. 0 16 60 30 00 | www.dylan.ie | 44 Zimmer und Suiten | ♿ | €€€

The Fitzwilliam   E 6

Stardesign – Terence Conran hat seine Spuren in Dublin hinterlassen: Purpurfarbene Teppiche, Sandstein aus Barcelona und Kerzen prägen das Interieur, die Zimmer sind großzügig, modern und hell. Zwei Gourmetrestaurants (Thornton und Citron). Dublin 2 | 2 St. Stephen's Green | LUAS: St. Stephen's Green | Tel. 0 14 78 70 00 | www.fitzwilliamhotel.com | 139 Zimmer | €€€

The Glen Guesthouse Dublin   E 4

Zentral – Nahe O'Connell Street und Temple Bar liegt dieses familiengeführte B&B mitten im Herzen Dublins. Reichhaltiges Frühstück, exzellent das »Full Irish«. Dublin 1 | 84 Gardiner St. Lower | LUAS: Abbey Street | Tel. 0 18 55 13 74 | www.glenguesthousedublin.com | 31 Zimmer | €€

The Marker Hotel   G 5

Bar mit Aussicht – Mitten in den Docklands spielt das Marker in der ersten Liga der Dubliner Hotels. Großzügige Spa-Landschaft und eine Rooftop Lounge mit Blick über die Berge. Dublin 2 | Grand Canal Square, Docklands | LUAS: Docklands | Tel 0 16 87 51 00 | www.themarkerhoteldublin.com | 187 Zimmer | €€€

The Merrion   E/F 6

Luxus pur – Vier georgianische Stadthäuser wurden zu diesem Hotelpalast zusammengefasst, der rund um zwei Landschaftsgärten liegt. Im Inneren findet man eine der umfangreichsten Kunstsammlungen Irlands, das luxuriöse Tethra Spa und zwei michelinbesternte Restaurants. Dublin 2 | Upper Merrion St. | LUAS: St. Stephen's Green | Tel. 0 16 03 06 00 | www.merrionhotel.com | 142 Zimmer | ♿ | €€€

The Morgan   E 5

Stark mit Starck – Ein Boutique-Hotel mit modernem Ambiente und individuell ausgestatteten Zimmern, zum Teil mit Philippe-Starck-Möbeln. Gutes Tapas-Restaurant. Dublin 2 | 10 Fleet St. | LUAS: Abbey Street | Tel. 0 16 43 70 00 | www.themorgan.com | 121 Zimmer | ♿ | €€€

The Morrison   D 5

Am Fluss – Zeitgenössische Kunst in modernem Design, handgefertigte Teppiche – Designer war John Rocha. Direkt am Liffey gelegen, kann man in der Cocktail Bar entspannen oder im Restaurant modern-irisch dinieren. Dublin 1 | Ormond Quay | LUAS: Abbey Street | Tel. 0 18 87 24 00 | www.morrisonhotel.ie | 138 Zimmer | ♿ | €€€

Number 31   E 7

Gourmetfrühstück – Georgianisches Stadthaus, die hellen Zimmer sind geschmackvoll eingerichtet. Dublin 2 | 31 Leeson Close | LUAS: St. Stephen's Green | Tel. 0 16 76 50 11 | www.number31.ie | 21 Zimmer | €€

Pembroke Townhouse 🚩 G 7

Schmuckstück – Ein altes Townhouse wurde in ein modernes Boutique-Hotel umgewandelt. Alle Zimmer in zeitgemäßem Design.

Dublin 4 | 90 Pembroke Rd. | Bus/DART/LUAS: Pembroke Road | Tel. 0 16 60 02 77 | www.pembroketownhouse.ie | 48 Zimmer | €€

Sandymount Hotel 🛏 östl. G 7

Erholsam – In einer ruhigen Straße, große Zimmer in verschiedene zusammenhängende Stadthäuser aufgeteilt. Das üppige Frühstücksbuffet wird im Cordyline Restaurant mit Blick auf den Garten serviert.

Dublin 4 | Lansdowne Rd. | DART: Aviva Stadium | Tel. 0 16 14 20 00 | www.sandymounthotel.ie | 168 Zimmer | ♿ | €€

The Shelbourne G 6

Eleganz am Park – Die 1824 erbaute Luxusherberge gilt als die große alte Dame unter den Dubliner Hotels. Diese Grandezza verströmt auch das Interieur mit seinen Kronleuchtern und den offenen Kaminen. In der Horseshoe Bar kann man an einem Cocktail nippen, in der stilvollen Oysterbar Austern schlürfen oder im Saddle Room Restaurant ein Steak genießen.

Dublin 2 | 27 St. Stephen's Green | LUAS: St. Stephen's Green | Tel. 0 16 63 45 00 | www.marriott.co.uk | 265 Zimmer | ♿ | €€€

Weitere empfehlenswerte Adressen finden Sie im Kapitel **DUBLIN ERKUNDEN**.

Preise für ein Doppelzimmer mit Frühstück:

€€€€ ab 200 €	€€€ ab 150 €
€€ ab 100 €	€ bis 100 €

Wer es sich leisten kann, steigt im exklusiven Marker Hotel (▶ S. 24) in den Docklands ab. Eleganz und unaufdringlicher Luxus sind dort oberstes Gebot.

ESSEN UND TRINKEN

*Nichtssagende irische Küche – das war einmal.
In Dublins Kochtöpfen zeigt sich die multikulturelle Atmosphäre
der Stadt von ihrer besten Seite. Das reicht von asiatischer
Küche über Maghreb-Einflüsse bis zur klassischen Pizza.*

Ähnlich wie die englische bestand die irische Küche zumeist aus mehr oder minder einfalls- oder geschmacklosen Speisen. Da die Grundzutaten in Irland nicht besonders variantenreich waren, beschränkte sich die Küche auf »pies«, Lamm und Irish Stew, einem meist recht deftigen Mix aus Lamm, Kartoffeln und Gemüse. Dazu kamen Fish & Chips und Burger in den verschiedensten Varianten. Das alles gehört längst der Vergangenheit an.

Die besten Lokale der Stadt haben aber nach wie vor eine französisch inspirierte Speisekarte, was selbst die Franzosen zu würdigen wissen. Der Guide Michelin hat beispielsweise das Restaurant Patrick Guilbaud als einziges Irlands mit zwei Sternen ausgezeichnet. Mit einem Stern gibt es hingegen gleich fünf: Bon Appétit, Chapter One, L'Ecrivain, Locks Brasserie und Thornton's Restaurant.

◄ Die Kochkunst in Thornton's Restaurant
(► S. 28) erfreut Auge und Gaumen.

Die irische Küche hat in den vergangenen Jahren enorm an Reputation gewonnen: Einerseits durch kreative Köche, die traditionelle Gerichte modern interpretieren, andererseits durch die neue Regionalität, die lokale Zutaten bevorzugt, die am besten nach biologischen Kriterien erzeugt wurden. Bauern setzen inzwischen wieder auf regionale Gemüsesorten, Rinder- und Schafrassen. Lachse oder Forellen aus den Binnengewässern stehen inzwischen ebenso hoch im Kurs wie fangfrische Fische und Meeresfrüchte aus der See rund um die Insel. Sogar die Austern müssen sich vor den französischen nicht mehr verstecken. Man schlürft sie übrigens mit einem Pint Guinness oder einem Glas Whiskey.

WOHNZIMMER DER DUBLINER

Eine Spezialität ist das »Pub Grub« oder »Pub Meal«: Es wird mittags, abends oder auch ganztags serviert und variiert je nach der Qualität des Pubs: Es reicht vom einfachen Toast über Fish & Chips und Burger bis zu kreativen Fisch- oder Fleischgerichten. Vor allem hat es aber einen großen Vorteil: Es ist preisgünstig.

Auch das beste Pint gibt's immer im Stamm-Pub – da sind sich viele Iren einig. Und obwohl in den vergangenen Jahren – verursacht auch durch die Wirtschaftskrise – eine große Zahl an Pubs in allen Landesteilen und auch in Dublin schließen musste, ist das Pub immer noch das liebste Wohnzimmer, vor allem der älteren Generation.

BESONDERE EMPFEHLUNGEN

RESTAURANTS

L'Ecrivain 🔖 E 6

Stilvoll – Elegant-minimalistisches Ambiente, dazu eine irische Küche, die ihresgleichen sucht. Feine französische Nuancen sorgen für das gewisse Etwas bei Taube, Ente oder Lamm. Hervorragende Weinauswahl.

Dublin 2 | 109a Lower Baggot St. | LUAS: St. Stephen's Green | Tel. 0 16 61 19 19 | www.lecrivain.com | Do, Fr 12.30–14, Mo–Sa 18.30–22.30 Uhr | €€€

Restaurant Patrick Guilbaud 🔖 F 6

Top-Niveau – Wie der Name schon sagt, französische Küche auf Weltniveau, und das seit mehr als 30 Jahren. Küchenchef Guillaume Lebrun sorgt aktuell dafür, dass das Restaurant im Merrion Hotel seine zwei Michelinsterne auch nach 15 Jahren hält. Höhepunkte sind die »Clogher Head Lobster Ravioli«, »Caramelized Veal Sweetbreads« und die »Assiette au chocolat«. Nach dem Essen verführt die beheizte Terrasse zu einem Digestif.

Dublin 2 | 21 Upper Merrion St. (im Hotel The Merrion) | LUAS: St. Stephen's Green | Tel. 0 16 76 41 92 | www.restaurantpatrickguilbaud.ie | Di–Fr 12.30–14.15, Sa 13–14.15, 19–22.15 Uhr | €€€

One Pico 🔖 E 6

Hohe Kochkunst – Man muss schon ein paar Meter von St. Stephen's Green weg, um dieses Lokal zu entdecken. Chef Eamonn O'Reilly hat sich seine Meriten in Paris, Casablanca und Boston geholt, bevor er in seine Heimat zurückkehrte und sein Können nun in seinem eigenen Lokal zeigt. Auszeichnungen »Restaurant of the year« (2013) und im Michelin Bib Gourmand.

🕐 Kehren Sie hier mittags auf das Table d'hôte Lunch-Menu ein – hohe Kochkunst zu einem guten Preis.

Dublin 2 | 5–6 Molesworth Place, Schoolhouse Lane | LUAS: St. Stephen's Green | Tel. 0 16 76 03 00 | www.onepico.com | Mo–So 12–14.30, 17.30–22 Uhr, So 17.30–20 Uhr | €€€

Shanahan's on the Green 🔖 E 6

Steaks vom Feinsten – Irische Angus-Steaks werden in einem speziellen Topf bei 1600 bis 1800 Grad Fahrenheit erhitzt, damit sie außen schön knusprig und innen weich und saftig bleiben. Das Ergebnis sind die besten Steaks von Dublin. Daneben offeriert dieses mit Marmor und Kronleuchtern ausgestattete Lokal auch exzellenten Fisch aus heimischen Gewässern. Ebenfalls einen Versuch wert: der »Oreo Cookie Cheesecake« (mit Oreo-Keksen).

Dublin 2 | 119 St. Stephen's Green | LUAS: St. Stephen's Green | Tel. 0 14 07 09 39 | www.shanahans.ie | Fr 12.30–14, Mo–Fr ab 17.30, Sa ab 18 Uhr | €€€

Thornton's 🔖 E 6

Essen mit Aussicht – Im stilvollen Restaurant des Fitzwilliam Hotels werden die Kreationen von Sternekoch Kevin Thornton serviert: Als Neuling sollte man das Acht-Gang-Überraschungs-menü versuchen. Günstiger ist das Lunch-Menü: zwei Gänge ab 35 €.

Dublin 2 | 128 St. Stephen's Green | LUAS: St. Stephen's Green | Tel. 0 14 78 70 08 | www.thorntonsrestaurant.com | Do–Sa 12.30–14, Di–Sa 18–22, Dez. Do–Sa 12.30–14 Uhr | €€€

CAFÉS

Bewley's Oriental Café 🔖 E 6

Ernest Bewley hat hier schon vor mehr als 100 Jahren »buns« (Rosinenbrötchen) und Kaffee serviert. Von der einstigen Kaffeehauskette blieb dieses – 1927 eröffnete – Exemplar erhalten und ist bis heute einen Besuch wert, nicht nur wegen seiner Einrichtung mit den schönen Glasfenstern.

Dublin 2 | Temple Bar | 78 Grafton St. | LUAS: St. Stephen's Green | Tel. 0 16 72 77 20 | www.bewleys.com | Mo–Mi 8–22, Do–Sa 8–23, So 9–22 Uhr | €€

PUBS UND BARS

Bernard Shaw 🔖 E 7

Hippes Pub, in dem DJs eine breite Palette an Musik – von Ambient bis Jazz – auflegen.

Dublin 2 | 11–12 South Richmond St. | LUAS: St. Stephen's Green | Tel. 0 57 12 83 42 | www.bodytonicmusic.com | Mo–Fr 8–24, Sa, So 14–24 Uhr | €

John Mulligan's 🔖 E 5

Wer den Film »My Left Food« gesehen hat, kennt vielleicht das Mulligan's, das darin vorkommt. Auch in den Werken von James Joyce wird es erwähnt. 1782 gegründet hatte es lange den Ruf, das beste Guinness der Stadt auszuschenken. Nach Gaelic-Football- oder Hurling-Spielen in Croke Park drängen sich Sieger und Verlierer bis auf die Straße.

Dublin 2 | 8 Poolbeg St. | LUAS: St. Stephen's Green | Tel. 0 16 77 55 82 | www.mulligans.ie | Mo–Do 10–23.30, Fr, Sa 10–0.30, So 12.30–23 Uhr | €

No Name Bar  E 6

Drei große Räume in einem viktorianischen Stadthaus. Manche sagen, die coolste Bar der Stadt, immer mit toller Stimmung.

Dublin 2 | 3 Fade St. | LUAS: St. Stephen's Green | Tel. 0 16 48 00 10 | Mo–Mi 13–23.30, Do, So 13–1, Fr, Sa 13–2.30 Uhr | €

The Mint Bar E 5

Ohne Zweifel eine der angesagtesten Cocktailbars des Landes: Mixspezialist Karl Byrne kreiert in dieser stylischen Bar im Souterrain des Westin Hotels Cocktailklassiker mit viel Fantasie und Kreativität. Wie wär's beispielsweise mit einem »Octopus Garden«? Das ist ein Gin Martini mit einem Baby Octopus.

Dublin 2 | College Green, Westmoreland St. | LUAS: Abbey Street | Tel. 0 16 45 13 22 | www.themintbar.ie | Mo–Do 12–23.30, Fr 12–2, Sa 12–0.30, So 17–23 Uhr | €€

Weitere empfehlenswerte Adressen finden Sie im Kapitel DUBLIN ERKUNDEN.

Preise für ein dreigängiges Menü:

€€€€	ab 30 €	€€€	ab 20 €
€€	ab 10 €	€	bis 10 €

Internationale Küche auf Topniveau und ausgefallene Kreationen zeichnen das Restaurant One Pico (▶ S. 28) und seinen Küchenchef Eamonn O'Reilly aus.

Im Fokus
Bierkultur – zwischen Guinness und Mikrobrauereien

Lange Zeit gab es in Irland kaum etwas außer Guinness:
Die Dubliner Brauerei braute mehr als die Hälfte des nationalen
Biers. Millionen Hektoliter verließen die Brautürme in St. James
Gate. Nur wenige Kleinbrauereien konnten sich daneben behaupten.

Solche Alternativen waren beispielsweise Murphy's, Smithwick's, Beamish oder O'Hara's. Aber das dunkle, aus gerösteter Gerste gebraute Stout war Standard in den irischen Pubs. Wer etwas anderes trank, wurde sanft belächelt. Das hat sich nun geändert. Guinness ist zwar immer noch unumschränkter Platzhirsch, aber in kleinen Brauereien landauf, landab regt sich Widerstand. Und immer mehr Pubs in Dublin findet man, die neben dem schwarzen Nationalgetränk auch exotische Namen wie Galway Hooker, Metalman oder Whitewater ausschenken. Mikrobrauereien sind Teil einer Gegenbewegung zu multinationalen Konzernen, und gehen Hand in Hand mit regionaler Küche, nachhaltiger Landwirtschaft und kurzen Wegen zwischen Produktion und Konsum. Dahinter steckt der Wunsch der Konsumenten nach Nahrungsmitteln, die vertrauenswürdig und naturverbunden sind.

◄ Begehrt bei Sammlern: alte Blechschilder,
die für Guinnessbier (► S. 30) werben.

Schon einmal gab es in den 1980er-Jahren einen Boom an Mikrobrauerei-
en. Inzwischen ist Dänemark mit fast 150 handwerklichen Bierproduzen-
ten ein Hort dieser Kultur, wenn auch nicht immer sehr stilsicher: Zutaten wie Lakritz, Walnussöl, Bitterorange oder Banane sind nicht nach
jedermanns Geschmack. Auch einem Irish Red Ale mit ungemälzter
Röstgerste wären nach dem deutschen Reinheitsgebot Grenzen gesetzt.

ZWEIHUNDERT BRAUEREIEN

Irland hat eine lange Tradition in der Bierproduktion: Noch im 19. Jh. gab
es 200 Brauereien, zwölf waren es noch vor wenigen Jahren. Aber das ist
längst Vergangenheit: Heute kümmern sich schon rund 20 Mikrobrauereien um den Durst der Einheimischen und Touristen.
Einige davon sind historisch: Wie die Hilden Brewery in County Antrim
in Nordirland, die bereits im 19. Jh. gegründet wurde. Owen Scullion von
der kleinen Brauerei setzt auf ein mit viel Sorgfalt produziertes Getränk.
Und auch die größte Mikrobrauerei Nordirlands, Whitewater, beliefert
inzwischen eine Reihe von Pubs in Nordirland und der Republik.
In Cork schätzt man die Franciscan Well Brewery und in Galway die Galway Bay Brewery. Sie nennt inzwischen schon eine Handvoll Pubs ihr
Eigen, die sie mit dem eigenen Gerstensaft versorgt. Und etwas weiter
östlich, in Roscommon, brauen die jungen Besitzer der Galway Hooker-
Brewery in einem Industrievorort das gleichnamige helle Bier, das inzwischen nicht mehr nur in Galway, sondern auch in Dublin erhältlich ist.

EIGENSTÄNDIGE GERSTENSÄFTE

Gezapft wird es auch in L. Mulligan's Grocer, einem Gastro-Pub nördlich
des Liffey, das sich auf eine feine Palette kleiner Brauereien im Offenaus-
schank (»on tap«) spezialisiert hat. »Bis vor ein paar Jahren haben alle fast
nur Guinness getrunken, aber inzwischen fragen auch die Touristen
schon nach diesen kleinen Besonderheiten der irischen Braukunst«, erzählt Barman Aidan. Neben dem Galway Hooker haben die Jungs von
Mulligan's noch andere handwerklich produzierte Biere im Programm,
wie das Metalman, das Molly's Chocolate Stout oder Friar Weiss, ein
Weißbier nach bayerischer Tradition.
Die bekannteste Mikrobrauerei Dublins ist die Porterhouse Brewery. Sie
produziert eine ganze Palette eigenständiger Gerstensäfte. Herausragend

sind das Porterhouse Oyster Stout, bei dem echte Austern zur Produktion verwendet werden und das hopfige Hop Head. Im Porterhouse Pub in Temple Bar werden nur die eigenen Biere ausgeschenkt.

Das ist noch nicht alles, was Dublin zu bieten hat: Auch die kleine Wirtshausbrauerei JW Sweetman – früher hieß sie Messrs Maguire – produziert fünf eigene Biere, von einem klassischen dunklen Porter über Golden Ale, Pale Ale und Irish Red Ale bis zum Weiß. Und im Black Sheep Pub werden fast zwei Dutzend verschiedene Biere gezapft und mehr als 100 weitere Sorten in Flaschen angeboten.

PLATZHIRSCH GUINNESS

Aber messen müssen sich alle diese kleinen Brauereien am Giganten selbst: Guinness. Das Unternehmen wurde von Arthur Guinness 1759 in St. James's Gate in Dublin gegründet. Er pachtete das inzwischen 25 ha große Brauereigelände im Herzen der irischen Hauptstadt gleich für 9000 Jahre an und begann Stout nach englischem Vorbild aus gerösteter Gerste herzustellen. Stout ist ein dunkles, fast schwarzes obergäriges Bier mit einer cremefarbenen Schaumkrone. Es wird mit besonders stark gerösteter unvermälzter Gerste und Gerstenmalz gebraut.

Schon Anfang des 19. Jh. war die Guinness-Brauerei die größte in Irland, und noch heute werden rund 60 % des gesamten irischen Bieres in St. James produziert.

Guinness kommt aber auch aus vielen anderen Brauereien weltweit: Je nach Markt wird ein anderes Rezept verwendet. Insgesamt – so sagt man in der Brauerei – werden täglich rund 10 Millionen Glas davon getrunken. Aber viele Kenner meinen auch, dass es das beste Guinness nur in Dublin gibt, es habe nur dann den richtigen Geschmack, wenn es mit Wasser aus dem River Liffey in Dublin gebraut sei. Eine moderne Legende, denn in Wirklichkeit wird Guinness mit Quell- und nicht mit Liffey-Wasser gebraut, aber an der Geschichte der besseren Qualität ist etwas dran. Ein Guinness schmeckt nirgends so geschmeidig wie hier.

Vielleicht liegt es daran, dass Guinness Draught mit einem Gemisch aus 30 % Kohlensäure und 70 % gezapft wird, dadurch wird der Schaum cremiger und anhaltender. Ganz sicher aber ist ein Grund, dass ein exportiertes oder nicht in Irland hergestelltes Guinness einen höheren Alkoholgehalt (rund 5 %) aufweist. Dabei gilt: Je geringer der Alkoholgehalt bei Stout, desto runder und intensiver ist der typische Geschmack. Bei einem Dubliner Guinness sind das 4,2 %. Den optimalen Geschmack entfaltet das Stout übrigens bei einer Temperatur zwischen 5 und 8 °C. Neben dem normalen Guinness Stout gibt es noch ein Extra Stout, das sich durch einen kräftigeren, bittereren Geschmack auszeichnet.

Aber dass man ein rein irisches Bier trinkt, wenn man ein Guinness bestellt, ist leider längst Vergangenheit: Die Guinness-Brauereien gehören heutzutage dem britischen Diageo-Getränkekonzern. Will man daher ein wirklich »irisches« Dubliner Bier trinken, dann bleibt einem nur die Wahl zwischen Porterhouse und JW Sweetman.

BESONDERE EMPFEHLUNGEN

Black Sheep Pub 🔖 D 5

23 handwerklich gemachte Biere »on tap« sind ständig auf Lager.

Dublin 7 | 61 Capel St. | LUAS: Smithfield | Tel. 0 18 73 00 13 | tgl. ab 12 Uhr

Guinness Storehouse ⭐ 🔖 C 6

Eine wahre Guinness-Experience hat das Guinness Storehouse seit dem Umbau zu bieten: Auf sechs Ebenen wird im Stadtteil Liberties westlich des Zentrums (im Süden des Liffey) dem dunkelbraunen Gerstensaft gehuldigt, multimedial und interaktiv. Über legendäre Guinness-Werbungen bis zu den aktuellen Produktionszahlen findet man hier alles, was man über die wohl wichtigste Marke Irlands wissen muss. In dem einem Pint nachempfundenen Zentralraum findet man ein Restaurant und zwei Bars und in einem Schnellkurs kann man ein Diplom als Guinness-Zapfer erwerben, aber der beeindruckendste Platz ist die Gravity Bar im sechsten Stock: Von hier kann man einen 360-Grad-Rundblick über Dublin genießen – das »Pint of Guinness« ist im Eintrittspreis enthalten.

🕐 Zapfen Sie sich Ihr Guinness selbst in der »Pour your perfect Pint«-Bar, dann vermeiden Sie die Wartezeiten in der Gravity Bar.

Liberties | St. James's Gate | LUAS: James's Street | Tel. 0 14 08 48 00 | www.guinness-storehouse.com/de | Sept.–Juni tgl. 9.30–17, Juli–Aug. tgl. 9.30–19 Uhr | Eintritt 15 €, Kinder 8 € (für Erwachsene ist ein Pint inklusive, für Kinder ein Softdrink).

JW Sweetman, Craft Brewery 🔖 E 5

Neben den eigenen Bieren hat Sweetman zahlreiche andere Gerstensäfte aus der ganzen Welt im Angebot, auch deutsche. Dazu gibt's gutes »Pub Grub«. Aber Finger weg von angebotenen Biercocktails!

Dublin 2 | 1–2 Burgh Quay | LUAS: Abbey Street | Tel. 0 16 70 57 77 | Mo–Mi 10.30–24, Do–Sa 10.30–2.30, So 11–23.30 Uhr | €

Porterhouse 🔖 D 5

Frei nach dem Motto »brewed by men, not machines« werden im Pub in Temple Bar nur Stouts und Helle aus der eigenen Brauerei ausgeschenkt. Probieren Sie das herbe Hop Head, das Hersbrucker Pilsener oder einzigartige Oyster Stout. Dazu gibt's Livemusik.

Dublin 2 | 16–18 Parliament St. | LUAS: St. Stephen's Green | Tel. 0 16 79 88 47 | www.porterhousebrewco.com | Mo–Do 10.30–23.30, Fr, Sa 10.30–0.30, So 12–23 Uhr | €

Grüner reisen
Urlaub nachhaltig genießen

Wer zu Hause umweltbewusst lebt, möchte vielleicht auch im Urlaub Menschen unterstützen, denen ein verantwortungsvoller Umgang mit der Natur am Herzen liegt. Empfehlenswerte Projekte, mit denen Sie sich und der Umwelt einen Gefallen tun können, finden Sie hier.

Dublin ist nicht nur umgeben vom grünen Boyne Valley und den bewaldeten Dublin und Wicklow Mountains, die Stadt hat auch mehr Grünflächen als jede andere Hauptstadt Europas. Fast jeder Dubliner (97 %, um genau zu sein) lebt höchstens 300 m von einem Park entfernt: Fast 3 ha Grünfläche macht das pro 1000 Einwohner, insgesamt sind das rund 1500 ha Parkfläche im **Phoenix Park** **2**, im Herbert Park, im St. Anne's Park und noch vielen anderen.

Der Name »Grüne Insel« bekommt in Irland aber noch eine andere Bedeutung: Immer mehr Iren finden Geschmack daran, ihren CO_2-Fußabdruck so klein wie möglich zu halten. Regionale Anbieter für Gemüse, Obst, Milchprodukte und Fleisch boomen. Fand man vor wenigen Jahren fast in allen Regalen nur von Großmolkereien gefertigten irischen Cheddar, so nimmt allein die Zahl der kleinen Käseproduzenten von Jahr zu Jahr zu. Nicht wenige davon und auch Produzenten von »cider«, Brot oder Fleisch arbeiten nach biologischen Kriterien (»organic«). Ein Regal mit »organic products« führen bereits die meisten Handelsketten, und auch die Wochenmärkte legen gerade bei organischen, in Irland hergestellten Waren zu.

Apropos CO_2-Abdruck: Selbst der Verkehr ist für Touristen vermeidbar (sieht man einmal von der An- und Abreise ab). Fast alle Sehenswürdigkeiten sind in der Innenstadt konzentriert und zu Fuß erreichbar. Wandern kann man auch die Küste entlang oder in den Wicklow Mountains hervorragend. Und will man dann doch mal etwas flotter unterwegs sein, dann hilft einem das gut ausgebaute öffentliche Bussystem oder das Fahrrad. Dublinbikes bietet an 40 Verleihstellen in der ganzen Stadt Räder zum Mieten an: Eine halbe Stunde ist gratis, ausleihen kann man, so oft man will.

BESONDERE EMPFEHLUNGEN
ÜBERNACHTEN

Avalon House 🧳 D 6
Preiswert – Von der Irischen Vegetarischen Gesellschaft empfohlenes Hostel in einem viktorianischen Haus im Zentrum, das neben Zimmern im Schlafsaal auch »singles« und »doubles« anbietet. Vegetarisches Frühstück, abends kann man in der Self-Service-Küche selbst aufkochen. Kostenloses Wi-Fi. Guter Cappuccino im angeschlossenen Bald Barista Café (▶ S. 70). Dublin 2 | 55 Aungier St. | LUAS: Abbey Street | Tel. 01 47 50 0 01 | www.avalon-house.ie | 73 Zimmer | €

The K-Club 🧳 westl. A 6
Luxuriös – Das Kildare Hotel, Spa & Country Club, auch K-Club genannt, verströmt den Charakter eines eleganten Landsitzes in herrlich grüner Landschaft. 1832 erbaut, liegt es rund 30 Min. von Dublin entfernt – und kann sich auch noch zweier exzellenter Golfplätze rühmen: The Palmer Ryder Cup Course und The Smurfit Course, Schauplätze von Ryder Cup und European Open. Ein Bad in irischem Seegras im Spa danach bringt die Muskeln wieder in Schuss. Sehenswert ist auf jeden Fall der Yeats Room: Hier sind einige der schönsten Gemälde von J. B. Yeats (des Bruders von W. B. Yeats) zu bewundern. Straffan, Co. Kildare | Bus: Straffan Road, Straffan Church | Tel. 0 16 01 72 00 | www.kclub.ie | 69 Zimmer | ♿ | €€€

ESSEN UND TRINKEN
RESTAURANTS

Chapter One 🧳 E 4
Küche mit grünen Nuancen – Nicht nur Bücherwürmer kommen im Dublin Writers Museum auf ihre Kosten: Im Untergeschoss liegt in einem in Stein und Holz gehaltenen Interieur eines der besten Lokale der Stadt: Küchenchef Ross Lewis lässt sich zwar von französischen Traditionen inspirieren, verwendet dafür aber regionale und nach biologischen Kriterien produzierte Zutaten. Heraus kommen solche Kreationen wie geschmorter Ochsenschwanz mit getrüffelten Makkaroni oder Taube »Wellington«.

Dublin 1 | 18–19 Parnell Square | LUAS: St. Stephen's Green | Tel. 0 18 73 22 66 | www.chapteronerestaurant.com | Di–Fr 12.30–14, Di–Sa 19.30–22.30 Uhr | €€€

Cornucopia Wholefoods 🌿 E 5

Seit 1986 eine Institution – Biologisches »porridge« und frisch gepresste Säfte zum Frühstück, zu Mittag gibt's dann eine breite Palette an Gesundem für Vegetarier, Veganer und alle, die darauf achten, was sie essen.

Dublin 2 | 19 Wicklow St. | LUAS: St. Stephen's Green | Tel. 0 16 77 75 83 | www.cornucopia.ie | Mo, Di 8.30–21, Mi–Sa 8.30–22.15, So 12–21 Uhr | €

The Farm 🏃

Biologisch – Zwei dieser Restaurants gibt es bereits in Dublins Innenstadt. Das erste Restaurant wurde 2007 nahe Trinity College eröffnet, das zweite 2012 in einem georgianischen Gebäude nahe dem Grand Canal. Beide bieten eine ausgewogene Speisekarte mit irischen Grundmaterialien, nicht alles, aber der größte Teil wird nach biologischen Kriterien erzeugt. Sogar der Pizzateig wird mit Bio-Hefe angesetzt. Vegetarier und Veganer werden sich in diesem Restaurant wohlfühlen.

– Dawson St. | Dublin 2 | 3 Dawson St. | LUAS: St. Stephen's Green | Tel. 0 16 71 86 54 | www.thefarmfood.ie | tgl. 11–23 Uhr | €€ 🌿 E 6
– Leeson St. | Dublin 4 | 133 Upper Leeson St. | LUAS: St. Stephen's Green | Tel. 0 12 12 07 43 | www.thefarmfood.ie | tgl. 11–23 Uhr | €€ 🌿 F 7

Govinda's 🌿 D 6

Gesundes vom Buffet – Der Dublin-Ableger der Hare-Krishna-Sekte offeriert vegetarische indische Küche für die kleine Geldbörse: »Dahl«, »Samosas« oder einfach nur einen Salat holt man sich am Buffet.

Dublin 2 | 4 Aungier St. | LUAS: St. Stephen's Green | Tel. 0 14 75 03 09 | www.govindas.ie | Mo–Sa 12–21 Uhr | €

Green Nineteen 🏃 🌿 D/E 6

Irisch – Geschmortes Lamm oder geröstetes Huhn, alles von biologisch wirtschaftenden Bauernhöfen in der Nähe. Vegetarische und vegane Gerichte findet man ebenfalls auf der kreativen Speisekarte.

Dublin 2 | 19 Lower Camden St. | LUAS: St. Stephen's Green | Tel. 0 14 78 96 26 | www.green19.ie | Mo–Sa 10–23, So 12–18 Uhr | €€

Umi Falafel 🌿 D 5

Beste Falafel – Natürlich gibt's hier Falafel(s), aber so appetitlich präsentiert werden sie sonst selten. Auch Sandwiches, Salate, »mezze« und vegane Speisen werden angeboten.

Dublin 2 | 13 Dame St. | LUAS: St. Stephen's Green | Tel. 0 16 70 68 66 | Mo–So 12–22 Uhr | €

EINKAUFEN

Dublin Food Cooperative 🌿 D 6

Vollwertkost aus ökologischem Anbau, Milchprodukte und Backwaren, donnerstags und samstags werden frisches Bio-Gemüse und Früchte angeboten. 1983 gegründet, ist die Dublin Food Cooperative heute Irlands führende Organisation im Besitz der Mitglieder.

Dublin 8 | 12 Newmarket (nahe St. Patricks Cathedral) | LUAS: St. Stephen's Green | www.dublinfood.coop | Do, Fr 12–20, Sa 9.30–16.30, So 11–17 Uhr

The Supernatural Food Market

🍃 F 5

Alles stammt am größten Bio-Markt Dublins aus biologischer Herkunft, von Obst und Gemüse über Fisch und Fleisch bis hin zu Backwaren wie Brot und Kuchen.

Dublin 2 | St. Andrews Resource Center, Pearse St. | LUAS: Pearse Street | www.supernatural.ie | Sa 9.30–15.30 Uhr

Temple Bar Food Market

🍃 D 5

Äpfel von David Llewellyn, Sarah Webbs »Gallic Kitchen« und Sheridans »cheesemongers« mit einer Selektion der besten Käsesorten Irlands und Frankreichs gehören ebenso dazu wie die Temple Oyster Bar – mit einem Pint Guinness die beste Kur gegen einen »hangover«. Organisches Gemüse gibt's von Mc Nally's Family Farm in Nalrickard (Co. Dublin).

Meeting House Square | LUAS: Abbey Street | www.templebar.ie | Sa 10–16.30 Uhr

AKTIVITÄTEN

Wandern im Phoenix Park

🍃 A/B 4–6

Der 11 km lange **Phoenix Park** ⭐ gilt nicht nur als eine der größten innerstädtischen Parkanlagen in Europa, er ist auch die grüne Lunge Dublins und liegt nur 3 km nordwestlich vom Stadtzentrum entfernt. Es gibt eine große Anzahl an herrlichen Rad- und Wanderwegen quer durch die 808 ha große Parklandschaft.

Aber auch sonst ist Dublin umringt von grünen Hügeln, Küstenstrichen und kleineren Bergen, beispielsweise von den Dublin Mountains im Süden der Stadt. Diese Hausberge, die gerade mal 300 m Meereshöhe erreichen, sind ein herrliches Naherholungsgebiet für die ganze Familie, aber auch sportliche Wanderer und Mountainbiker finden an ihnen Gefallen. Unternehmen Sie doch mal eine Wanderung auf dem herrlichen Dublin Mountains Way (www.dublinmountains.ie).

Auf sehr kreative Weise beweist man im Restaurant Green Nineteen (▶ S. 36), dass vegetarische Küche kein bisschen eintönig sein muss.

EINKAUFEN

Dass Dublin eine Einkaufsstadt ist, wird deutlich, wenn man durch die Grafton Street bummelt. Egal ob werktags oder am Wochenende: Die Straßen sind voll von Menschen, die mit Einkaufstaschen bepackt aus den Geschäften strömen.

Immer wieder muss man einer Traube Menschen ausweichen, die sich rund um einen »busker« (einen Straßenmusikanten) oder eine Street-Dance-Gruppe sammelt. Eisdielen oder Coffeeshops sind an jeder Ecke zu finden.

Natürlich haben sich in den bekanntesten Dubliner Einkaufsstraßen wie der Grafton oder der Henry Street auch viele internationale Bekleidungs- und Schmuckläden breitgemacht – von Benetton bis Swarovski –, aber trotzdem stößt man dazwischen immer wieder auf kleine Läden und Boutiquen, die Besonderes bieten. Nicht selten irischer Provenienz, denn die Bezeichnung Irisch ist auch unter den Einheimischen wieder ein Zeichen für Qualität.

Im Schafland Irland sind natürlich Wolle und Wollprodukte wichtiger Teil eines Bekleidungs-Outfits. Dementsprechend beliebt sind sie auch

◄ Wer fantasievolle irische Mode sucht, wird
in der Powerscourt Shopping Mall fündig.

heute noch bei Einheimischen und auch Touristen. Pullover von den Blarney Woollen Mills oder selbst gestrickte Schals und Mützen sind auch durchwegs von guter Qualität.

Wollprodukte findet man im Stadtzentrum häufig wie auch die klassischen irischen Souvenirs und Mitbringsel: von kuscheligen »leprechauns« und Schafen über Kleeblätter in allen Variationen und Materialien bis hin zu Guinness-Bieröffnern und Mützen – die Produkte sind zwar austauschbar, aber auch nicht teuer und zumindest bei einem ersten Besuch in Dublin kann man sich da ausreichend eindecken.

STORES UND WOCHENMÄRKTE

Bei Jugendlichen sind Hardrock-Café-Dublin-T-Shirts beliebt, die es in der Dubliner Niederlassung in Temple Bar zu kaufen gibt. Aber auch wer das Besondere sucht, wird fündig: Irische Designer haben ihre Shops im Zentrum und auch kleine Accessoires kosten nicht die Welt. Die wichtigsten Department-Stores im Zentrum sind Arnotts, Brown Thomas und Clerys. Zu den historischen Marktplätzen zählt die Moore Street, die immer noch einen Besuch lohnt.

Und natürlich sollte man die kulinarischen Souvenirs nicht vergessen: Käse wird zum Mitnehmen vakuumverpackt, und auch mit Schokolade fährt man gut. Auch mit einer Flasche irischen Whiskeys ist man gut beraten. Eine schöne Auswahl an hausgemachten kulinarischen Produkten findet man auf den Wochenmärkten oder bei Kooperativen wie Dublin-Food Coop im Liberties-Gebiet, westlich vom Stadtzentrum.

BESONDERE EMPFEHLUNGEN

ACCESSOIRES

Kilkenny Design Centre ⚓ E 5

Auf der Suche nach klassischen irischen Souvenirs in guter Qualität wird man hier fündig: handgefertigter Schmuck, Wollartikel, aber auch Porzellan und Glas.

Dublin 2 | 6–15 Nassau St. | LUAS: St. Stephen's Green | www.kilkenny design.com | tgl. ab 10 Uhr

BEKLEIDUNG

Blarney Woollen Mills ⚓ E 5/6

Dabei handelt es sich zwar um eine Ladenkette, aber bei praktischen Souvenirs wird man hier garantiert fündig: Pullover, Schals und Mützen, aber auch Geschirr und Porzellan, alles aus irischer Produktion.

Dublin 2 | 21–23 Nassau St. | LUAS: St. Stephen's Green | www.blarney. com | Mo–Sa 9.30–18 Uhr

Bow E 5

Gestricktes von den Wolldesignern Electronic Sheep, aber auch Ursula Celanos Notizbücher mit den Wahrzeichen Dublins findet man im Shop der Designerinnen Wendy Crawford, Margaret O'Rourke und Eilis Boyle.
Dublin 2 | Powerscourt Townhouse, South William St. | LUAS: St. Stephen's Greeen | www.bowpowerscourt.com | Mo–Mi, Fr, Sa 10–18, Do 10–19, So 13–17 Uhr

Henry Jermyn F 6

Der Gentleman kauft hier klassische Anzüge in Nadelstreifen oder Prince-Of-Wales Karo, dazu Hemden, Krawatten und alles, was er braucht, um sich wohlzufühlen.
Dublin 2 | 16 Clare St. | LUAS: St. Stephen's Green | www.henryjermyn.ie

Indigo & Cloth D 5

Indigo & Cloth ist einer der wichtigsten unabhängigen Bekleidungsstores Irlands. In einem unterirdischen Shop in der South William Street, findet man neu interpretierte irische Mode: z. B. Tweed nach traditioneller Art und Weise, verwoben von Molloy & Sons aus Donegal. Männer und Frauen werden hier ebenso fündig wie Denim-Liebhaber.
Dublin 2 | 9 Essex St. East | LUAS: St. Stephen's Green | www.indigoandcloth.com

DEPARTMENT STORES

Brown Thomas E 5

Klassischer und renommierter Department Store mit vielen Luxusmarken bei Bekleidung, Accessoires, Schmuck, Kosmetik und auch Haushaltsartikeln.

Ein Besuch in der Grafton Street lohnt sich auch, ohne etwas zu kaufen.
Dublin 2 | 88–95 Grafton St. | LUAS: St. Stephen's Green | www.brownthomas.com | Mo–Mi 9–21, Do 9–22, Fr, Sa 9–21, So 10–20 Uhr

Powerscourt Townhouse Centre E 5

Beeindruckendes, elegantes Design macht dieses im georgianischen Stil erbaute Gebäude zu einem Fixpunkt im Stadtzentrum: Nicht nur die Auswahl an Shops ist groß, vieles davon einzigartig in Dublin, im Hof kann man einen Kaffee genießen und im Loft Market im Dachgeschoss in einer großen Auswahl an Bekleidung und Accessoires stöbern.
Dublin 2 | 59 William St. South | LUAS: St. Stephen's Green | www.powerscourtcentre.ie | Mo–Mi, Fr, Sa 10.30–18, Do 10.30–19, So 13–17 Uhr

Stephen's Green Centre E 6

Mehr als 100 Shops gleich ums Eck von St. Stephen's Green: Natürlich auch die großen Marken, aber auch viele kleine Juwelen sind zu entdecken.
Dublin 2 | LUAS: St. Stephen's Green | www.stephensgreen.com

SCHOKOLADE

Butler's Chocolate Experience nördl. G 1

Im Schokoladenmuseum herumspazieren und seine eigene Schoko-Skulptur gestalten, das kann man in der Butler's Schokoladenfabrik, in der seit 1932 die braune Köstlichkeit aus Dublin kreiert wird. Zu kaufen gibt's die Riegel, Pralinés etc. praktisch überall in der Stadt in den Butler's Cafés (das bekannteste ist in der Wicklow Rd. im Zentrum zu finden), aber auch in den Shops am Flughafen.

Dublin 17 | Clonshaugh Business & Technology Park, Oscar Traynor Rd., Clonshaugh | Bus: Barrycourt Road | Tel. 0 16 71 05 99 | www.butlerschocolates. com | Touren (müssen im Voraus gebucht werden) dreimal tgl. Mo–Sa, 10, 12 und 15.30 Uhr | Eintritt (mit Tour) 13,50 €

WHISKEY

Old Jameson Distillery  D 5

Nicht nur der Besuch in den alten Destilleriegebäuden ist ein Erlebnis, hier kann man auch das passende Mitbringsel erwerben. Von seltenen Whiskeyflaschen – wie dem Midleton Very Rare, bei dem das Jahr der Abfüllung auf dem Etikett steht – bis zu Polo-Shirts und Jameson-Mützen. Auch vie-

le Accessoires: von Gläsern bis zu Golfbällen mit dem Jameson-Logo.

Dublin 7 | Bow St., Smithfield Village | LUAS: Smithfield | www.tours.jameson whiskey.com | Mo–Sa 9–18, So 10–18 Uhr

WOHNEN

Designist D 6

In einer ehemaligen Apotheke ist diese Boutique untergebracht, die einen Mix aus schön gestalteten Haushaltswaren und Interieur-Artikeln anbietet, (fast) alles unter 100 €.

Dublin 2 | 68 South Great Georges St. | LUAS: St. Stephen's Green | www. designist.ie | Di, Mi, Fr, Sa 10–18.30, Do 10–20.30, So 12–18 Uhr

Weitere Geschäfte und Märkte finden Sie im Kapitel DUBLIN ERKUNDEN.

Der kleine Hunger nach dem Einkaufsbummel im Powerscourt Townhouse Centre (▶ S. 40) lässt sich dort in einem der Restaurants an Ort und Stelle stillen.

KULTUR UND UNTERHALTUNG

*Dublin ist für seine rege Kunst- und Kulturszene bekannt.
In der Tradition seiner großen Literaten Joyce, Shaw, Behan oder
Wilde entsteht auch heute noch Wegweisendes. Das schätzen auch
die Dubliner – ein kritisches und dennoch weltoffenes Publikum.*

Dem renommierten Theater-Designer Jean-Guy Lecat hat das Abbey
Theatre – Irlands wichtigste Bühne – sein neues Aussehen zu verdanken.
Lange war geplant, das Abbey in die Docklands zu transferieren, aber
nicht zuletzt die Wirtschaftskrise hat dem einen Strich durch die Rechnung gemacht. Aber das Abbey passt sehr gut an seinen historischen Platz
in der Innenstadt, leidet aber etwas unter seinem Ruf, seine Stücke seien
nicht mehr »up to date«. Ganz anders die Reputation des Gate, des großen Konkurrenten der irischen Nationalbühne Abbey: Gegründet wurde
es 1928 vom homosexuellen Paar Hilton Edwards und Micheál MacLiamm-
móir mit der Prämisse, Experimentelles und Internationales zu vereinen.
Die beiden Bühnen sind nur zwei der vielen Highlights am Dubliner Un-
terhaltungshimmel. Was auch immer man in der irischen Hauptstadt
sucht, man wird fündig: von kleinen schummrigen Pubs, in denen der

◀ Das Abbey Theatre (▶ S. 43) widmet sich
den Werken und Themen irischer Autoren.

traditionellen Musik gehuldigt wird, über Klubs, in denen internationale
DJs oder Alternative-Bands zu Gast sind, bis zu großen Hallen wie dem
O2 in den Docklands, in denen internationale Superstars auftreten. Als
Pink-Floyd-Sänger Roger Waters dort im Herbst 2013 an einigen aufei-
nanderfolgenden Tagen »The Wall« zum Besten gab, waren in der ganzen
Stadt keine Zimmer mehr zu bekommen.

IN FEIERLAUNE

Die Dubliner sind ohnehin eine Spezies, denen das Feiern schon mit der
Muttermilch eingeflößt wurde. Dafür sorgen nicht zuletzt die Music-
Pubs: Fast jedes der Dubliner Pubs bietet zumindest einmal in der Woche
Livemusik – viele auch täglich. Für jeden Geschmack findet sich etwas:
von traditioneller irischer Musik über Country bis zu Rock, Pop und Jazz.
Und das Feiern ist längst nicht zu Ende, wenn das Pub schließt. Dann
geht es weiter in den Nachtklub, der oft im Keller des Pubs liegt.
Konzerte und auch Theater und Opernvorstellungen sind normalerweise
lange vorher ausgebucht. Theater- und Konzertkarten bucht man am besten online (z. B. über www.ticketmaster.ie) und druckt sich die Tickets
gleich zu Hause aus.

BESONDERE EMPFEHLUNGEN
THEATER UND KONZERT

Abbey 🪰 E 5

Gegründet wurde das irische National-
theater 1904 von William Butler Yeats
und seiner Freundin, Lady Isabella Au-
gusta Gregory, und galt lange als kont-
rovers: Stücke wie Synges »Playboy of
the Western World« und O'Caseys
»Plough and the Stars« wurden im
konservativen Dublin als so schockie-
rend angesehen, dass es sogar zu De-
monstrationen kam. Heute widmet
sich die irische Nationalbühne mehr
dem konventionellen Theater – von
Shaw bis Tolstoi.

Dublin 2 | 26 Abbey St. Lower | LUAS:
Abbey Street | www.abbeytheatre.ie |
Ticketverkauf: Mo–Sa 10.30–19 Uhr

Gate 🪰 E 4

Das Gate ist nicht nur das eleganteste,
sondern auch das größte Theater der
Stadt, vor wenigen Jahren erst mit
einem neuen Flügel versehen. Schau-
spielergrößen wie Ralph Fiennes oder
David Walliams (der Star aus »Little
Britain«) kombiniert mit aufsteigen-
den irischen Schauspielern haben das
Gate in den vergangenen Jahren zu einem echten Konkurrenten für das Abbey gemacht, viele sagen, es habe die

Nationalbühne sogar überflügelt. Modern interpretierte Stücke von Friel oder Pinter, aber auch »Pride and Prejudice« von Jane Austen tragen zu diesem Ruf bei.

Dublin 1 | Cavendish Row, Parnell Square | LUAS: Abbey Street | Tel. 01 87 44 0 45 | www.gatetheatre.ie | Ticketverkauf Mo–Sa 10–19 Uhr

Wollen Sie's wagen?

The Irish Dance Experience im Powerscourt Theatre im Zentrum Dublins ist die perfekte Gelegenheit, um Irish Dance besser kennenzulernen. Weltklassetänzer zeigen zuerst in einer Performance, was sie können und was den Irish Dance ausmacht. Dann sind Sie gefragt: Mit den Profis lernen Sie die ersten Schritte, um sich perfekt auf dem Parkett zu bewegen. Mitzubringen ist nur etwas Rhythmusgefühl.

Dublin 2 | Clarendon St. | LUAS: St. Stephen's Green | Voranmeldung unter Tel. 01 61 11 0 60 | www.jig.ie | Eintritt 15 €, Kinder 12 €

National Concert Hall E 6

Erst 1981 zog die National Concert Hall in die Große Halle des University College Dublin ein; seither ist sie die wichtigste (klassische) Orchesterbühne der Stadt. Im angeschlossenen John Field Room widmet man sich hingegen Jazz und traditioneller Musik.

Dublin 2 | Earlsfort Terrace | LUAS: St. Stephen's Green | Tel. 01 41 70 0 00 | www.nch.ie | Ticketverkauf: Mo–Sa 10–18 Uhr

Project Arts Centre D 5

Ein Mix aus Theater, Performance und Ausstellungsfläche (mit eigener Galerie für zeitgenössische Kunst). In den 1960er-Jahren gegründet, gilt es noch immer mit seinem Programm als die Avantgarde-Bühne der Stadt.

Dublin 2 | 39 East Essex St., Area Temple Bar | LUAS: Jervis | Tel. 01 88 19 6 13 | www.projectartscentre.ie | Ticketverkauf Mo–Sa 11–19 Uhr

MUSIK UND TANZ

Bruxelles E 6

Die Statue von Rockmusiker Phil Lynott, dem Frontman der Band Thin Lizzy, steht zwar vor der Tür, aber mit Hardrock hat das Bruxelles nur mehr wenig zu tun: Heute legen DJs auf und das Lokal zählt zu den coolsten Konzert-Locations der Stadt.

Dublin 2 | 7–8 Harry St. (Seitenstraße der Grafton St.) | LUAS: St. Stephen's Green | Tel. 01 67 75 3 62 | www.bruxelles.ie | Mo–Mi 10.30–1.30, Do–Sa 10.30–2.30, So 12–1.30 Uhr

Cultúrlann na hÉireann südöstl. G 9

Das irische Kulturinstitut hat sich den traditionellen Kunstformen verschrieben – wie den »ceilidhs«, den Gruppentänzen, die Einheimische und Touristen gleichermaßen begeistern.

Dublin Bay | 32 Belgrave Square, Monkstown | Bus: Belgrave Square | Tel. 01 28 00 2 95 | www.anchulturlann.ie | Tanz: Fr 21 Uhr | Eintritt 9,50 €

International Bar E 5

In diesem alteingesessenen Pub kann man Stand-up-Comedy ebenso sehen wie Jazzkonzerte (meist Dienstags) oder »Trad-Sessions« (am Samstag).

Dublin 2 | 23 Wicklow St. | LUAS: St. Stephen's Green | Tel. 0 16 77 92 50 | www.international-bar.com | Livemusik Di–Sa ab 21 Uhr

O2   G 5

14 000 Besucher finden in der 2008 eröffneten O2-Arena Platz, um internationale Superstars wie Sting, Madonna oder die Foo Fighters zu hören. Angeschlossen sind auch ein Theater (mit 2000 Plätzen), ein Hotel und ein Shopping-Center.

Docklands, Dublin 1 | North Wall Quay | DART: Tara Street oder Connolly Street | Tel. 0 18 19 88 88 | www.theo2.ie | Ticketverkauf Mo–Sa 10–18 Uhr

Vicar Street   D 6

Bob Dylan oder Calexico waren hier schon zu Gast. Bis zu 1000 Fans haben Platz und werden von einer großartigen Soundanlage beschallt.

Dublin 8 | 58–59 Thomas St. | Bus: Thomas Street | Tel. 0 17 75 58 00 | www.vicarstreet.ie | Livemusik tgl. ab 19.30 Uhr

KINO

Irish Film Institute   D 5

In einem prächtigen Gebäude aus dem 17. Jh. bietet das IFI zwei Kinosäle und ein öffentliches Filmarchiv. Gespielt werden Independentfilme, aber auch fremdsprachige Filme und Klassiker. Und natürlich neue Produktionen irischer Filmemacher.

Dublin 2 | 6 Eustace St. | LUAS: Jervis | www.ifi.ie | Mo–Do 10–23, Fr–So 10–23.30 Uhr

Weitere empfehlenswerte Adressen finden Sie im Kapitel DUBLIN ERKUNDEN.

Das Pub O'Donoghue's am Merrion Row ist eine Topadresse für Fans irischer Folk-Music. 1962 traten hier The Dubliners zum ersten Mal auf.

FESTE FEIERN

Dublins Festivalkalender hat viel mehr zu bieten als den St. Patrick's Day. Der Literatur ist das Dublin Writers Festival im Sommer ebenso gewidmet wie der Bloomsday am 16. Juni, eine Hommage an James Joyce und seinen Protagonisten aus »Ulysses«.

Der 17. März, St. Patrick's Day – der Namenstag des Nationalheiligen und auch irischer Nationalfeiertag –, wird inzwischen weltweit gefeiert, das Epizentrum des in Grün schwimmenden Festtages, bei dem hektoliterweise Guinness und anderes Gebräu durch die Zapfhähne rinnt, ist aber Dublin. Kein anderer Feiertag des Jahres – nicht einmal Neujahr – kann im Dubliner Festivalkalender mit diesem grundirischen Feiertag mithalten, er ist Karneval, Pride Festival und Hallowe'en in einem.

EINE STADT SIEHT GRÜN

Selbst das Bier in den Pubs ist an diesem Tag teilweise grün, ganz zu schweigen von der lärmenden Festparade, die durch die Straßen der Hauptstadt führt. Der 16. Juni ist der Tag, an dem James Joyce seinen Protagonisten Leopold Bloom in seinem Roman »Ulysses« als modernen

◀ Bei der Parade zum Nationalfeiertag St.
Patrick's Day (▶ S. 47) sieht ganz Dublin grün.

Odysseus durch Dublin wandern lässt; dann begeben sich auch alljährlich zahlreiche Joyce-Fans auf seine Spuren: An diesem Tag sieht man immer wieder kleine Gruppen von Literaturbegeisterten durch Seitengassen huschen und an Ecken spontane Joyce-Lesungen veranstalten. Offizielle Lesungen finden in verschiedensten Locations statt – Hauptschauplätze sind aber das James Joyce Museum und das Writers Museum, zwei Stätten, die eng mit den Arbeiten James Joyces verbunden sind.

Aber es gibt kaum einen Monat, in dem nicht ein mehr oder minder großes Festival über die Bühne geht: Rugby- und Hurlingfans werden ebenso bedient wie die Freunde traditioneller irischer Musik.

JANUAR

Temple Bar Trad Festival

Traditioneller Musik und Kultur ist dieses Festival gewidmet. Fünf Tage und Nächte lang wird rund um Temple Bar bei irischer Musik, aber auch mit Tänzen wie Salsa und Flamenco gefeiert. 200 Konzerte (viele davon sind kostenlos), Banjo Workshops und ein großes Kinderprogramm gehören natürlich dazu.

Ende Januar
Temple Bar | LUAS: St. Stephen's Green | Tickets: www.templebartrad.com

FEBRUAR

Jameson Dublin International Film Festival

An elf Tagen und Nächten läuft in den Festspielkinos das Beste, was irisches und internationales Kino zu bieten haben, u. a. im Savoy Cinema (▶ S. 89) und im Irish Film Institute (▶ S. 45).

Mitte Februar
Verschiedene Kinos im Stadtzentrum | LUAS: St. Stephen's Green | Tel. 01 63 5 02 90 | www.jdiff.com

Six Nations Rugby

Eines der wichtigsten Events im irischen Sportkalender: Neben Irland sind noch England, Wales, Schottland, Frankreich und Italien vertreten. Rugbyfans reisen aus der ganzen Welt an, um die Spiele zumindest in einem Pub zu erleben. Die Heimspiele finden im Aviva-Stadion (▶ S. 91) statt.

7. und 28. Februar
Aviva Stadium | www.rbs6nations.com

MÄRZ

St. Patrick's Day Parade & Festival

Dem walisischen Mönch, der im 5. Jh. die Schlangen aus Irland vertrieb und das Land christianisierte, ist dieser nationale Feiertag gewidmet. Kern der Veranstaltung ist immer noch die Parade, die quer durch die Innenstadt verläuft, mit ihren Straßenkünstlern und dem Feuerwerk. Während des fünftägigen Festivals gibt es Konzerte, Ausstellungen, Theater und viel zu trinken …

17. März
Verschiedene Veranstaltungsorte | www.stpatricksfestival.ie

MAI

Dublin Writers Festival

Dichter und Literaten aus aller Welt treffen sich hier zu Lesungen, Diskussionen und anderen Veranstaltungen.

Ende Mai
www.dublinwritersfestival.com

International Dance Festival Ireland

Die besten internationalen Tanzkompanien zeigen im Abbey (▶ S. 43) und im Project Arts Centre (▶ S. 44) ihr Können.

Ende Mai
26 South Frederick St. | www.dublin dancefestival.ie

JUNI

Pride

Höhepunkt der Veranstaltungswoche mit Drag-Queen-Contests, Konzerten und Ausstellungen ist der »Pride March«, der vom Garden of Remembrance bis zum Wood Quay führt.

Mitte bis Ende Juni
www.dublinpride.ie

Music in the Park 👫

Gratis-Musikabend an den Wochenenden in den Parks der Stadt.

Juni bis August
Jeweils Sa, So | www.dublincity.ie

AUGUST

Dublin Horse Show

Mehrtägiges Schauspringen, das zu den angesehensten weltweit zählt. Der berühmte Nations' Cup um die Aga Khan Trophy findet am Freitag statt.

Anfang August
Royal Dublin Society, Anglesea Rd., Ballsbridge | www.rds.ie

Oxegen

Irlands größtes Musikfestival, früher für Rock- und Popmusik, inzwischen für Dance- und Hitparaden-Acts, das auf verschiedenen Bühnen am Punchestown Racecourse in County Kildare über die Bühne geht.

Anfang August
Punchestown Racecourse |
www.oxegen.ie

Liffey Swim

Jährlich stattfindendes Wettschwimmen, das an der Rory O'More Bridge nahe der Guinness-Brauerei beginnt und bis zum Custom House führt. Die Strecke ist rund 2 km lang und nur die ganz Mutigen und Kälteunempfindlichen nehmen teil. 400 sind es inzwischen, zu den Anfangszeiten des Rennens, um 1920, war es gerade mal eine Handvoll Schwimmer.

Letzter Samstag im August
Rory O'More Bridge to Custom House Quay | www.dublincity.ie

SEPTEMBER

All Ireland Hurling & Football Finals

Gelingt es Mayo endlich, nach 60 Jahren wieder den Titel zu holen? Das fragten sich 2013 die Gaelic-Football-Fans, die zum All-Ireland-Finale ins Croke Park-Stadium pilgerten. Kurz gesagt: Die Dubs haben gewonnen, Mayo ist wieder einmal im Finale gescheitert. Schuld daran ist ein Fluch, der seit 1951 auf der Mannschaft lastet (▶ S. 56).

– Hurling: 2. Sonntag im September
– Gaelic Football: 4. Sonntag im September
Croke Park, Jones Rd., Drumcondra |
www.gaa.ie

Dublin Fringe Festival

Innovatives von jungen Formationen, aber auch neues Material etablierter Truppen sieht man bei diesem Theater-, Comedy-, Musik- und Tanzfestival.

3 Wochen im September (16 Tage)
www.fringefest.com

SEPTEMBER/OKTOBER

Dublin Theatre Festival

Irische und internationale Kompanien geben sich bei diesem Festival mit interessanten neuen Produktionen die Klinke in die Hand.

Ende September bis Mitte Oktober
www.dublintheatrefestival.com

OKTOBER

Dublin City Marathon

Seit 1980 wird der Dublin Marathon auf den Straßen der irischen Haupt-stadt gelaufen. Er startet und endet an der O'Connell Street und lockt Jahr für Jahr Tausende von Läufern an.

Letzter Montag im Oktober
www.dublinmarathon.ie

Hallowe'en

Dabei handelt es sich um keine amerikanische Erfindung, sondern ein traditionelles keltisches Fest, bei dem man das Sommerende feierte und die Seelen aus dem Totenreich zurückkehren. Ursprünglich hieß das Fest Samhain (ausgesprochen »sow in«). Bei der Hallowe'en Parade in Dublin sind rund 20 000 Hexen und Zauberer auf dem Weg von Parnell Square nach Temple Bar und Wood Quay, um danach das Feuerwerk zu erleben.

31. Oktober
Temple Bar und Stadtzentrum

Artisten, Musiker, Tänzer, Schauspieler, Komödianten, Gaukler … Sie alle verhelfen jährlich dem Dublin Fringe Festival (▶ S. 49) zu seinem riesigen Erfolg.

Im Fokus
Dubliner Literaten – Dubliner Literatur

Die irische Literatur ist so eng mit Dublin verbunden wie sonst mit keiner Stadt der grünen Insel. Irlands Hauptstadt hat so viele Persönlichkeiten der Weltliteratur hervorgebracht, dass sie seit 2011 den Titel »UNESCO City of Literature« trägt.

Wenn man die keltischen Sagen ausklammert, beginnt die Geschichte der irischen Literatur mit Jonathan Swifts 1726 erschienenem Roman »Gullivers Reisen«. Noch immer als Kinderbuch missverstanden, ist es eine beißende Sozialsatire aus der Feder des damaligen Dekans der St. Patrick's Cathedral, der die Kolonialpolitik Englands anprangerte.

IN KONVENTIONEN VERHAFTET

Ansonsten blieb die irische Literatur lange im Konventionellen verhaftet: Erst der Schriftsteller William Carleton lieferte in »Traits and Stories of the Irish Peasantry« (Erzählungen aus dem irischen Landleben) 1833 satirische Beobachtungen aus dem Leben der katholischen Landbevölkerung, und etwas später brachte John Millington Synge mit seinen Dramen – z. B. »The Aran Islands« – das irische Englisch als Sprache auf die Bühne. Auch Bram Stokers berühmten Grafen »Dracula« (1897 erschienen) kann man als Symbol für den Verfall einer Gesellschaft ansehen.

◀ Mehrfach trifft man in Dublin James Joyce
(▶ S. 51), wie hier am St. Stephen's Green.

Ähnliches hatte zuvor – 1891 – schon ein anderer Dubliner Autor, Oscar Wilde, mit seinem Roman »The Picture Of Dorian Gray« im Sinn. Wilde wurde zu seiner Zeit als Schriftsteller bewundert und war im viktorianischen England – er hatte in Oxford studiert – als Dandy verschrien, war aber auch bekannt für seine sprachliche Ausdruckskraft. Sein Ansehen nahm mit »Lady Windermere's Fan« (1892), »An Ideal Husband« (1895) und vor allem der Satire »The Importance of Being Earnest« (1895), das als eines seiner besten Werke gilt, noch zu.

WILDE UND JOYCE

Der Vater zweier Söhne hatte allerdings auch zahlreiche homosexuelle Affären. Vor allem die langjährige Beziehung zu Lord Alfred Douglas führte schließlich zu einem gesellschaftlichen Skandal, drei Gerichtsprozessen und Wildes Verurteilung. Am 25. Mai 1895 wurde er – wegen seines Umganges mit männlichen Prostituierten – zu zwei Jahren Zuchthaus mit schwerer Zwangsarbeit verurteilt. 1897 wurde Wilde gesundheitlich angeschlagen aus der Haft entlassen und ging nach Paris. Seine letzten drei Lebensjahre verbrachte er unter dem Namen Sebastian Melmoth in Armut. Obwohl er kaum mehr schrieb, blieb er ein Beispiel für den emigrierten Schriftsteller, der dennoch stark mit Irland verbunden ist. Seine sterblichen Überreste wurden auf dem Pariser Friedhof Pére Lachaise begraben.

Ein Roman seines Landsmannes James Joyce, »Ulysses«, gilt als eines der wichtigsten Werke der literarischen Moderne. Experimentelle Verwendung von Form und Sprache – sein »Stream of Consciousness« – und doch tiefe Verbundenheit in der irisch-katholischen Tradition kennzeichnen dieses Werk.

Joyces Leben ist geprägt von der Emigration: Am 16. Juni 1904 traf er Nora Barnacle, seine spätere Ehefrau (aus diesem Datum wird später der »Bloomsday«, der Tag, an dem die Handlung des »Ulysses« spielt). Noch im selben Jahr übersiedelte er mit seiner Frau aufs europäische Festland, zuerst nach Triest, wo er 1906 die Arbeit an »Dubliners« vollendete und »Ulysses« vorbereitete. Danach zog er nach Pula, einem österreichisch-ungarischen Flottenstützpunkt in Istrien, und 1915 schließlich nach Zürich, da er als Brite im Ersten Weltkrieg in Österreich-Ungarn als feindlicher Ausländer angesehen wurde.

Die folgenden Jahre sahen ihn meist in Italien, geplagt von finanziellen Schwierigkeiten und zu viel Alkoholkonsum. Erst am 2. Februar 1922, seinem 40. Geburtstag, beendete Joyce die Arbeit an »Ulysses«. Ein Jahr lang schrieb er nicht, begann dann aber die Arbeit an »Finnegans Wake«, einem noch kompromissloseren Werk als »Ulysses«. Lange galt es als unübersetzbar, wenn nicht gar als unlesbar.

1926 hatte er die ersten beiden Teile des Buchs vollendet, das zuerst noch »Work in Progress« hieß. Der fertige Roman erschien erst 1939. Zwei Jahre später, am 13. Januar 1941, starb Joyce in Zürich. Er wurde auf dem Friedhof Fluntern begraben.

Auch Flann O'Brien und der Literaturnobelpreisträger Samuel Beckett experimentierten mit Form und Sprache. Beckett hielt es aber ebenfalls nicht in Irland: Er übersiedelte nach Paris, der in Dublin geborene Dramatiker George Bernard Shaw – Literaturnobelpreisträger 1925 – nach London. Andere, wie W. B. Yeats (Lyriker, einer der wichtigsten Dramatiker des 20. Jh. und Literaturnobelpreisträger 1923), Brendan Behan und der 2013 verstorbene Literaturpreisträger Seamus Heaney blieben Irland ihr Leben lang treu.

1939 in Londonderry in Nordirland geboren, zog der Lyriker Heaney 1972 mit seiner Familie ins County Wicklow ins Glanmore Cottage, wo die meisten seiner Gedichte entstanden, die sich vielfach mit Irland, mit dessen Geschichte und Mythen befassen. Die Gedichtbände »Wintering Out«, »North« und »Death of a Naturalist« zählen zu seinen bedeutendsten. Er starb im August 2013 in Dublin.

BEHAN UND DOYLE

Aber wenn wir von »echten Dubs« sprechen, gibt es wohl keinen Autor, der mehr mit Dublin verbunden ist wie Brendan Behan. Behan wurde am 9. Februar 1923 in der irischen Hauptstadt geboren und gilt als einer der bedeutendsten nationalen Autoren des 20. Jh. – sowohl in englischer wie in irischer Sprache. Er wuchs am Rande eines Dubliner Slums auf und wurde geprägt durch die Jahre 1939 bis 1947, die er – als Mitglied der IRA – im Gefängnis zubrachte. Diese Zeit – u. a. im Jugendgefängnis Borstal in England – verarbeitete er später in seinen autobiografischen Werken »Borstal Boy« und »Confessions of an Irish Rebel«.

Als trinkfreudiger Kneipenliterat erlangte er in Dublin bald lokale Berühmtheit. 1954 schrieb er das Theaterstück »The Quare Fellow«, das in einem Gefängnis in den Nachtstunden vor der Hinrichtung eines Insassen spielt. Das Stück wurde 1955 im Dubliner Pike Theatre uraufgeführt und ein großer Erfolg (das Lied »The Old Triangle« aus dem Stück wurde später von den Dubliners vertont), ebenso wie der Nachfolger »The Hostage«.

Aber Alkoholexzesse und Wirtshausraufereien setzten seiner Gesundheit ebenso zu wie Diabetes, und er schrieb kaum mehr: Seine letzten Arbeiten entstanden aus Tonbandaufzeichnungen. Am 2. Februar 1964 starb er 41-jährig in Dublin. Die Tageszeitung »Daily Express« schrieb in einem Nachruf, er sei »zu jung gewesen, um zu sterben, aber zu betrunken, um zu leben«.

Die irische Literatur ist seit dem Tode Behans vor allem von zwei Autoren geprägt: von Edna O'Brien (geboren 1930), die in ihren Werken eine traditionelle Frauenrolle und sexuelle Freizügigkeit behandelt, und von Roddy Doyle, dessen Werke meist in Dublin angesiedelt sind und vor schwarzem Humor nur so strotzen. Doyle – 1958 in Dublin geboren – erhielt 1993 für das Werk »Paddy Clarke, Ha, Ha, Ha« den Booker Prize und konnte sich bald als der wichtigste irische Vertreter des sogenannten Comic Writing etablieren.

Später erlangten irische Themen immer mehr Bedeutung: Doyles Roman »A Star Called Henry« (»Henry der Held«) spielt im Dublin Anfang des 20. Jh. Im Roman »Oh, Play That Thing« spinnt Doyle die Geschichte von Henry Smart weiter, der 1924 von Irland nach New York City auswandert. Und auch im dritten Teil (»The Dead Republic«) ist wieder Henry der Held: Er kehrt Anfang der 1950er-Jahre nach Irland zurück (als »Die Rückkehr des Henry Smart« ist das Buch 2013 bei Hanser erschienen). Roddy Doyles größter Erfolg war aber »The Commitments«, eine Geschichte über eine Band im Dublin der 1990er-Jahre. Sie hat erst vor Kurzem eine Fortsetzung erhalten: »The Guts«. Erneut ist Jimmy Rabbitte, der Held aus »The Commitments«, der Protagonist, 30 Jahre später, mit 47 Jahren, vier Kindern und Prostatakrebs. Bislang ist das Buch nur auf Englisch erschienen (mehr unter www.roddydoyle.ie).

INFORMATIONEN

Dublin Writers Museum 🚌 D/E 4

Die Sammlung am Parnell Square befasst sich ausführlich mit Dublins langer Literaturtradition: von Schriftstellern wie Swift und Wilde über Yeats und Joyce bis hin zu Beckett und Behan. Es gibt viele einzigartige Exponate und Erinnerungsstücke (Fotos, Briefe, Bilder, Objekte) aus dem Leben dieser Literaten, darunter das Telefon aus Samuel Becketts Appartement in Paris.

Dublin 1 | 18–19 Parnell Square | Bus: Parnell Square, LUAS: Abbey Street | www.writersmuseum.com | Mo–So 10–17 Uhr | Eintritt 7,50 €, Kinder 4,70 €

MIT ALLEN SINNEN
Dublin spüren & erleben

Reisen – das bedeutet aufregende Gerüche und neue Geschmacks-erlebnisse, intensive Farben, unbekannte Klänge und unerwartete Einsichten; denn unterwegs ist Ihr Geist auf besondere Art und Weise geschärft. Also, lassen Sie sich mit unseren Empfehlungen auf das Leben vor Ort ein, fordern Sie Ihre Sinne heraus und erleben Sie Inspiration. Es wird Ihnen unter die Haut gehen!

◄ Relikt aus der Jungsteinzeit: das Ganggrab von Newgrange (▶ S. 55) am Fluss Boyne.

SEHENSWERTES

Wintersonnenwende in Newgrange
🔖 nordöstl. A 1

Um 8.20 Uhr morgens dringen die ersten Sonnenstrahlen durch die kleine Öffnung über dem Eingang, erhellen mit ihrem warmen, Leben spendenden Licht den Tunnel und schließlich die Grabkammer. Knapp eine Viertelstunde lang kann man die Kraft des Zentralgestirns so erleben, wie es schon die heidnischen Priester vor 5000 Jahren taten: Nur in diesen wenigen Minuten an sechs Tagen zwischen dem 18. und 23. Dezember stimmen Einfallswinkel und Architektur des großen Grabhügels in Newgrange überein, sodass die Strahlen in die ansonsten dunkle Kammer dringen. Aber nur wenige können dies miterleben: Eine Gratis-Lotterie Ende September entscheidet, wer einen der begehrten Besucherplätze erhält. Mitmachen kann man im Brú na Bóinne Visitors Centre oder online.
Hügelgrab Newgrange | www.heritage ireland.ie

EINKAUFEN

Farmer's Market in Howth
🔖 westl. G 3

Frisches Brot duftet, Konfitüren stehen in den Regalen, frische Seebrassen und Lachse werden angeboten. Wenn die Fischerboote am Sonntagmorgen in den Hafen von Howth zurückgekehrt sind, dann öffnen auch die Stände des Fishermen & Farmer's Market. Obst und Gemüse von Bio-Bauern und der frische Fang aus dem Meer warten auf Kunden. Ob zum Frühstück auf einen frischen »bun« (Rosinenbrötchen) und Kaffee oder zu einem Mittagessen mit einem Teller Irish Stew – nach einem Markttag in Howth kehren Sie satt und glücklich in die Stadt zurück.
Howth | West Pier, Howth Harbour | DART: Howth | www.irishfarmers markets.ie | So 10–17 Uhr

FESTE

Auf Joyces Spuren am Bloomsday
🔖 E 6

Ein junger Mann in einem Anzug, der einer Zeitmaschine ins 19. Jh. entstiegen scheint, rezitiert vor einem kleinen Publikum an einer Dubliner Straßenecke einen Monolog von Leopold Bloom. Dem Hauptcharakter aus James Joyces epochalem Werk »Ulysses« ist der 16. Juni gewidmet. An jenem Tag im Jahr 1904 begab er sich auf seine Odyssee durch Dublin, seit damals ist dieser Tag der »Bloomsday«. Leopold Blooms »walking out« wird von Literaturbegeisterten in öffentlichen Lesungen gewürdigt und zum Teil nacherlebt, selbst die Küche von 1904 kommt an diesem Tag in manchen Lokalen wieder zu Ehren.
16. Juni | James Joyce Center | LUAS: St. Stephen's Green | www.jamesjoyce.ie

Mitjubeln bei den All Ireland Finals
E/F 3/4

Fast jeder hätte es Mayo gegönnt. Die ganze Saison war die Mannschaft dominant, hat alle anderen Teams aus dem Wettbewerb geworfen und galt selbst gegen Dublin als hoher Favorit. Seit 1951 hat Mayo allerdings kein All-

Ireland-Finale im Gaelic Football mehr gewonnen, ein Fluch lastet seit damals auf der Mannschaft: Bei der Rückkehr der siegreichen Spieler sollen sie einem Verstorbenen bei einem Begräbnis nicht die nötige Ehre erwiesen haben. Niemals wieder hat Mayo ein All-Ireland gewonnen. Aber heute scheint der Fluch zu brechen: Das grün-rot gekleidete Mayo holt einen Punkt nach dem anderen, geht gegen die hellblauen Dubs in Führung liegend in die Pause. Aber in der zweiten Hälfte kippt das Spiel, die Dubs schaffen Punkt um Punkt, gehen als Sieger mit dem Pokal in die Kabine. Der ganze hellblaue Teil des Stadions jubelt, stimmt »Molly Malone« an und dann noch Thin Lizzys »The Boys Are Back in Town«. Auf Mayo-Seite fließen Tränen. Ein junger Fan wird von seiner Freundin getröstet, und auch die anderen Rot-Grünen schleichen kleinlaut davon. Der Fluch kann nicht gebrochen werden, erzählen sich die Zuschauer, solange noch ein Spieler der damaligen Mannschaft lebt. Drei alte Herren sind es noch.

Aber auch ohne All Ireland Final lohnt das Croke Park Stadium – das größte Sportstadion Irlands mit 82 300 Plätzen – einen Besuch: z. B. bei der Croke Park Etihad Skyline Tour: 44 m über dem Spielfeld genießt man einen herrlichen Ausblick über Dublin, begleitet und eingeführt von einem Guide. Im GAA Museum kann man die Geschichte der GAA (Gaelic Athletic Association) hautnah miterleben – und gleich auch Hurling und Gaelic Football selbst probieren.

Dublin 3 | Jones' Rd. | Bus: Croke Park Stadium | www.crokepark.ie | Mo–Sa 9.30–17, So 10.30–17, Stadion-Touren Mo–Fr 11, 12, 13, 14, 15, Sa auch 10, So 11, 12, 13, 14, 15 Uhr | Skyline-Tour 20 €, Kinder 12 €

KULTUR UND UNTERHALTUNG

Dudelsackspielen in den NPU-Headquarters
D 5

Henrietta Street war ab 1720 die erste georgianische Straße Dublins. Selbst die Jahre ab 1820, als die Straße bereits mitten in Dublins Slums lag und die Räume der nun ehemals prunkvollen Häuser von Großfamilien bewohnt wurden, haben nicht den ganzen Prunk des Interieurs zerstört. Das sieht man auch am Hauptquartier der Uilleann Pipers (Na Píobairí Uilleann), auf Nummer 15. Hier dreht sich alles um die »Uilleann Pipes«, den irischen Dudelsack, der in der Armbeuge gespielt wird. In den Monaten Juli und August werden auf Voranmeldung Besucher durch das Gebäude geführt und können sehen, wie man die »pipe« spielt.

Während des restlichen Jahres finden Konzerte und Tanzvorführungen statt.
Dublin 1 | 15 Henrietta St. | LUAS: Smithfields | Tel. 01 87 30 00 93 | www. pipers.ie

AKTIVITÄTEN

Dublin Literary Pub Crawl

Auf den Spuren Dubliner Literaten, die nicht selten ihre Erfolglosigkeit in den Pubs der Stadt ertränkten, führt die von Schauspielern geführte Tour vom Duke Pub nahe Trinity College in die Palace Bar, ins Doheny & Nesbitt oder in eine der anderen Bars, in denen einst James Joyce, Brendan Behan oder Samuel Beckett verkehrten. Man erfährt vieles Wissenswerte – so z. B. dass viele irische Dichter durch die Einführung der Zensur 1929 gezwungen waren, das Land zu verlassen. Anekdoten und Rezitationen aus Werken der Literaten zu dem ein oder anderen Pint.
Treffpunkt: The Duke Pub, Dublin 2 | 9 Duke St. um 19 Uhr | Dauer: 1,75 Std. |

LUAS: St. Stephens Green | www.dublin pubcrawl.com | 1. April–31. Okt. tgl. um 19.30, 1. Nov.–31. März Do–So um 19.30 Uhr | Tour (ohne Getränke) 12 € (Onlinebuchung empfohlen, einige Tickets abends im Duke Pub)

Spazieren in den Iveagh Gardens

📖 E 6

Eines der bestgehüteten Geheimnisse Dublins findet man südlich von St. Stephen's Green entweder hinter einer Tür auf der Earlsfort Terrace hinter der National Concert Hall, einer Pforte in der Hatch Street oder einer weiteren auf der Clonmel Street. Hat man eine dieser Möglichkeiten genutzt, dann ist man mittendrin in Iveagh Gardens, einem kleinen blühenden Refugium inmitten der Stadt: Spazieren Sie im Rosengarten oder genießen Sie die Ruhe auf einer Parkbank.
Hatch St. Upper, Clonmel St. | LUAS: Harcourt | Mo, Di 10–18, Mi, Fr 10–19, Do 10–18, Sa 9–18, So 11–16 Uhr

Dublin ist in jeder Hinsicht eine grüne Stadt. So laden mehrere Parks, darunter die bezaubernden Iveagh Gardens (▶ S. 57), zu einer Verschnaufpause sein.

DUBLIN
ERKUNDEN

Ein angesagtes Pub mit viel Flair und guter Musik: The Bernard Shaw (▶ S. 28).

EINHEIMISCHE EMPFEHLEN

*Die schönsten Seiten Dublins kennen am besten diejenigen,
die diese Stadt seit Langem oder schon immer ihr Zuhause nennen.
Drei dieser Bewohner lassen wir hier zu Wort kommen –
Menschen, die eines gemeinsam haben: die Liebe zu ihrer Stadt.*

Tommy Foley, Chauffeur und Musiker

Während der Woche chauffiert er Touristen durch Irland, aber am Wochenende packt Tommy Foley (68) Gitarre und Mundharmonika aus und intoniert mit ein paar Freunden »Molly Malone« und »Whiskey in The Jar«. Dann ist er in seinem Element, der irischen Musik. Aufgewachsen ist Tommy in den Arbeitervierteln der Dubliner Northside. Phil Lynott, den Sänger und Bassisten von Thin Lizzy, kannte er persönlich: »Sein Schlagzeuger hat bei uns im Keller Drums gespielt«, er-

zählt er. Damals gab es noch eine Kluft zwischen North- und Southsidern, Viertel, in denen man sich lieber nicht

Das Croke Park Stadium ist restlos ausverkauft, wenn die All Ireland Finals (▶ S. 48, 61) im Hurling ausgetragen werden (im Bild die Teams von Kilkenny und Tipperary).

blicken ließ. Das habe sich schon lange geändert, meint Tommy, heute sei Dublin eine moderne Weltstadt. Mit allen Problemen, die damit verbunden sind, aber trotzdem immer noch etwas freundlicher, heimeliger als andere.

Wenn er nicht gerade mit der Limousine durch die Lande fährt oder musiziert, ist er in den Bergen zu finden: Die Dublin und die Wicklow Mountains liegen quasi vor der Haustür. »Den Wicklow Way kann ich nur jedem ans Herz legen«, sagt Tommy, »eine unberührte Landschaft vor den Toren Dublins. Stundenlang begegnest du dort kaum einem Menschen.« Über 132 km führt der Fernwanderweg vorbei an stillen Gebirgsseen, Dörfern und den mystischen Ruinen von Glendalough.

Georgina Caraher und Cormac Ó Donnchú, beide Unternehmer

Georgina Caraher (49) und Cormac Ó Donnchú (48) haben sich ganz den Gaelic Games verschrieben: Wenn sie ein paar Stunden Zeit haben, sind sie auf dem Feld ihres Stammklubs Na Fianna im Norden der Stadt zu finden. Die Gaelic Athletic Association hat Hunderte Mitgliedsklubs in ganz Ir-

»Den Wicklow Way kann ich nur jedem ans Herz legen. Stundenlang begegnest du dort kaum einem Menschen.«

Tommy Foley

land, einer davon ist Na Fianna. Gaelic Football, Hurling, Handball, aber auch irischer Tanz oder das Spiel mit der Handtrommel »Bodhrán« stehen auf dem Programm. Im Hurling müssen zwei Teams einen kleinen Ball mit einem gebogenen Eschenholzschläger ins gegnerische Tor befördern, beim Gaelic Football wird ein runder Ball mit Hand oder Fuß gespielt. Kondition und Koordination seien die Voraussetzungen für diese schnellen Sportarten, meint Cormac. Gemeinsam mit Georgina bringt er sie in Na Fianna Anfängern näher: Schon nach ein paar Stunden hat man die ersten Bälle im Tor platziert.

Hurling und Gaelic Football würden rein um die Ehre gespielt, in der gesamten GAA (Gaelic Athletic Association) gebe es keine Profis, erzählt Cormac weiter: »Und auch wenn du nicht mehr aktiv bist, bleibst du deiner Mannschaft ein Leben lang treu.« Höhepunkt des Sportjahres sind im September die All Ireland Finals im nahen Croke Park Stadium – vor allem, wenn Dublin im Finale steht. »Dann ist die ganze Stadt in Hellblau-Weiß getaucht, den Stammfarben der Dubs«, schwärmt Georgina, »und gewinnen sie, wird die ganze Nacht gefeiert.«

DAS ZENTRUM:
TEMPLE BAR, TRINITY COLLEGE UND DUBLIN CASTLE

Geht es nach Zehntausenden von Dublin-Besuchern, dann ist das Zentrum der Stadt Temple Bar: Der Überrest des mittelalterlichen Dublins ist heute eine beliebte Ausgehmeile für Touristen und Dubliner, wo sich ein Pub an das nächste reiht.

Eine Band nach der anderen greift auf einer der vielen Bühnen in die Saiten, ein Guinness nach dem anderen läuft ins Glas und dann in die Kehlen. Und wenn Mitternacht vorbei ist, dann geht es in die Nightclubs und Late Bars im Keller.

Aber **Temple Bar** ⭐ ist nicht nur Trinken, Musik und Spaß, man findet zwischen Trinity College und Christ Church Cathedral auch kleine, feine Läden mit Vintage-Kleidung, hippe Galerien, Freilufttheater, Straßenmusikanten, einen kulinarischen Samstagsmarkt und noch vieles mehr. Zwar sind die Restaurants oft überteuert, und auch das Pint kostet jenseits der

◀ Innen wie außen ein Blickfang: das Pub
The Temple Bar im gleichnamigen Stadtteil.

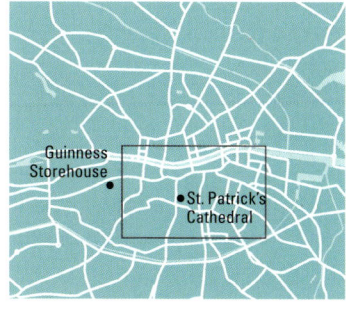

5 €, aber wenn man in Dublin Feri-
en macht, sollte man zumindest
einen Abend für das Viertel reservieren (was abgeht, erfährt man
am besten im Temple Bar Information Centre, 12 East Essex St., www.
templebar.ie, Mo–Fr 9–17.30 Uhr.
Hier erhält man auch gratis den
TASCQ-Guide mit Informationen zu Attraktionen und Restaurants).
Zwei andere Fixpunkte eines Dublin-Besuchs sind ebenfalls im Stadtzentrum zu finden: Trinity College und Dublin Castle.

PROTESTANTISCHES BOLLWERK

Trinity College 🔢 wurde 1592 von Elisabeth I. von England als Bollwerk
des protestantischen Glaubens gegründet und ist heute der Sitz der University of Dublin, vor allem aber ein Schmuckstück georgianischer (und
anderer) Architektur. Wenn man durch den Haupteingang das College
betritt, dann betritt man gleichzeitig einen Ort der Ruhe in der ansonsten
trubeligen Hauptstadt. Vor einem öffnen sich der Parlament und der
Library Square mit dem 30 m hohen Campanile in der Mitte. Dies (und
auch die Old Library, die Vorbild für die Jedi-Archive in »Star Wars II«
war) ist schon alleine einen Besuch wert, trotzdem kommen die meisten
Besucher wegen des größten Schatzes des Trinity: dem Book of Kells, das
um 800 n. Chr. auf der schottischen Insel Iona im St. Colmcille's Kloster
entstanden ist, bevor die Mönche vor den Wikingern ins sichere Kells (im
Nordwesten Dublins) flohen. Von den 680 Seiten der kunstvollen Handschrift sind immer zwei zu sehen – eine mit Handschrift, eine mit kunst-
voller Bebilderung.

Der dritte Fixpunkt eines Besuches in Dublin ist **Dublin Castle** ⭐: Das
vor fast 1000 Jahren entstandene Schloss ist ebenfalls ein Überbleibsel der
mittelalterlichen Stadt, auch wenn es sein Gesicht völlig verändert hat. In
dem von den Engländern umgestalteten Repräsentationsbau sind heute
ein Kongresszentrum, zwei Museen und die Chester Beatty Gallery mit
ihrer Kunstsammlung untergebracht. Ein schwarzer Teich – Dubh Linn
auf Gälisch – ist in den heutigen Gärten des Schlosses zu finden und soll
Dublin den Namen gegeben haben.

SEHENSWERTES

① Ark Children's Cultural Centre 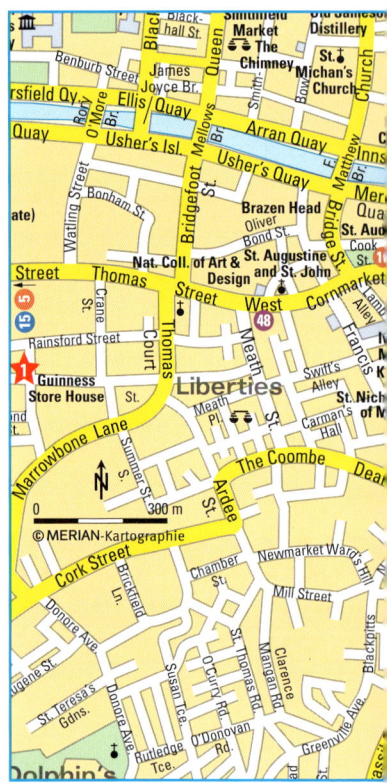 ↯ D/E 5

Hier laufen Theaterproduktionen und Ausstellungen, die von und mit Kindern für Kinder geschaffen wurden. Die Kleinen lernen aber auch, wie man ein Musikinstrument baut oder es spielt, und üben sich darüber hinaus in Malerei und Kunst.

Dublin 2 | 11A Eustace St. | LUAS: Jervis | Tel. 0 16 70 77 88 | www.ark.ie | Mo–Fr 10.30–16.30 Uhr | Eintrittspreis je nach Angebot

② Christ Church Cathedral ↯ D 5

Die Neujahrsglocken werden hier geläutet, und auch sonst ist die protestantische Kathedrale tief im Herzen der Dubliner verwurzelt. Mehr noch als St. Patrick's ist sie das spirituelle Zentrum der Stadt. Besonders die mittelalterliche Krypta lohnt einen Besuch. Auf den Resten einer Kirche der Wikinger wurde sie um 1180 von den Normannen erbaut: An seine lange Geschichte als Pilgerziel erinnern Relikte wie ein geheimnisvolles sprechendes Kreuz und das Herz von Erzbischof Laurence O'Toole – in einer herzförmigen Metallschatulle untergebracht. Versäumen Sie auf keinen Fall »The Cat and the Rat«, im Volksmund auch Tom & Jerry genannt: Ihre mumifizierten Überreste wurden in einer Orgelpfeife gefunden.

Dublin 2 | Christ Church Place | LUAS: St. Four Courts | www.christchurch dublin.ie | Mo–Sa: März–Mai 9–18, Juni–Sept. 9–19, So März–Mai 12.30–14.30, 16.30–18, Juni–Sept. 12.30–14.30, 16.30–19, Okt.–Feb. 12.30–14.30 Uhr | Eintritt 6 €, Kinder 2 €

③ Church of the Immaculate Conception ↯ D 5

Kennt man im Volksmund unter dem Namen »Adam and Eve«: vor allem deshalb, weil in den Tagen der »Penal Laws«, als katholische Messen verboten waren, diese geheim in einem Pub um die Ecke an der Winetavern Street stattfanden. Entstanden auf dem Platz eines ehemaligen Franziskanerklosters, das im 16. Jh. aufgelassen wurde, wurde der Bau erst 1938 fertiggestellt.

Dublin 2 | 4 Merchants Quay | LUAS: Four Courts | www.immaculate-

Map labels:

Fruit & Veg. Markets · St. Mary's Abbey · O'Connell Monument · Eden Quay · Custom House Qy. · Custom Hous · The Famine · Abbey St. Mdl. · Abbey St. Upr. · Bachelors Walk · Burgh Quay · George's Qy. · Talbot Mem. Br. · Gloucester St. S. · Ormond Qy. Lwr. · Ormond Qy. Upr. · Tara St. Station · Townsend Street · Monster Truck Gallery · Temple Bar Gallery + Studios · Graphic Studio Gallery · Pearse Street · Green on Red · Essex Qy. · Christ Church Cath. · Cecilia St. · The Stag's Head · Dame St. · College Green · Old Library & Book of Cells · S. Beckett Centre · Trinity College · City Hall · Garda Mus. · Molly Malone · Suffolk St. · College Park · St. Andr · Dublin Castle · Wicklow St. · Lemon St. · Nassau Street · Leinster St. S. · Lincoln Pl. · Fenian St · Chester Beatty Library · Johnson Court · Duke Street · Free-mason's Hall · Nat. Library · Clare St. · Oscar Wilde · Golden Lane · Stephen St. Lwr. · Chatham St. · Anne St. S. · Dawson Street · St. Ann's · Molesworth St. · Nat. Mus. of Arch. · Nat. Gall. · Leinster House · Merrion Square · Civic Mus. · Gaiety Theatre · Kildare St. · Nat. Mus. of Nat. Hist. · St. Patrick's Park · St. Stephen's Green Shop. Centre · Royal College of Surg. · Little Mus. of Dublin · Merrion Row · Fitzwilliam Lane · Number 29 · Marsh's Library · Bishop Street · Peter Row · St. Stephen's Green · Hume St. · Ely Pl. · Baggot Street · Kevin St. Upr. · Kevin St. · Cuffe Street · Mercer St. · West · East · St. Vincent's Hospital · Pembroke Street Upr. · Fitzwilliam Square · Meath Hospital · Camden Row · Newman Uni. Church · Newman House · Iveagh Hse. · Leeson Street · Pembroke Street · Kavanagh Mon. · College · Harcourt St. · Iveagh Gardens · Nat. Concert Hall · Fitzwilliam Lad Lane · Long Lane · Camden St. Lwr. · Grantham St. · Charlotte St. · Hatch Street Upr. · Earlsfort Terrace · Royal Victoria · Ovoca Rd.

---

conception-church.net | tgl. 9–17 Uhr | Eintritt frei

4 City Hall D 5

Fresken von James Ward schmücken den Eingangsbereich: Sie zeigen u. a. die Schlacht von Contarf. Auch vier Statuen, eine davon zeigt Daniel O'Connell, sind zu sehen. In einem kleinen Café im Keller kann man vom Trubel der Dame Street ausruhen, daneben widmet sich die Multimedia-Ausstellung »The Story of the Capital« der Stadtgeschichte.

Dublin 2 | Dame St. | LUAS: Jervis | www.dublincity.ie/dublincityhall | Mo–Sa 10–17.15 Uhr | Eintritt 4 €, Kinder 1,50 €

Dublin Castle D 5/6

Es ist eines der ältesten Baudenkmäler im Zentrum und wurde 1024 im Auftrag von King John als Verteidigungswall errichtet: Mit seinen starken Mauern sollte es die Stadt beschützen. Aber bereits 1230 war es ein normannisches Schloss mit vier Wällen und einem zentralen Hof im Südwesten der damaligen Stadt. Bis zur Unabhängigkeit der

Sitz der englischen Staatsmacht in Irland gleicht Dublin Castle heute kaum mehr einer alten Wehrburg: Es fehlen Zugbrücke und Verteidigungsanlagen, nur der Bauplan, der rund um zwei Höfe angelegt ist, erinnert noch an das Mittelalter.

Das **Revenue Museum** in der Krypta der Chapel Royal erzählt die Geschichte der Steuereintreibung in Irland. Das **Garda Museum** – Museum zur Geschichte der irischen Polizei – ist im normannischen Record Tower untergebracht, in dem einst Staatsverbrecher eingekerkert waren.

Gegenüber der Chapel Royal kann man im **Medieval Undercroft** einen Blick auf das Dublin der Wikingerzeit werfen: Ein **Verteidigungswall** ist erhalten. Unter einem Rundbogen landeten einst die kleinen Versorgungsschiffe für das Schloss, die größeren ankerten im Liffey.

Dublin 2 | Dame St. | LUAS: Jervis, St. Stephen's Green | www.dublincastle. ie | Geführte Touren: Mo–Fr 10–17, Sa–So 14–17 Uhr | Eintritt 4,50 €, Kinder 2 €

⭐ **Guinness Storehouse** ▶ S. 33

5 Kilmainham Gaol 👫   📖 A 6

Zwischen 1796 und 1924 war dieser Kerker in Betrieb, viele irische Rebellenführer verschiedenster Epochen waren hier interniert: Robert Emmet, Charles Stewart Parnell, Eamon de Valera sowie die Führer des Aufstandes von 1916: Manche wurden auch hier hingerichtet. Der Besuch ist nur im Rahmen einer geführten Tour möglich. Übrigens diente der Kerker auch als Location für Szenen des Films »The Italian Job« (1969) mit Michael Caine.

Dublin 8 | Inchicore Rd., Kilmainham | Bus: Emmet Road | www.heritage ireland.ie/en/dublin/kilmainhamgaol | Touren: April–Sept. tgl. 9.30–17, Okt.–März Mo–Sa 9.30–16, So 10–17 Uhr | Eintritt 6 €, Kinder 2 €

6 Marsh's Library 📖 D 6

Die erste öffentliche Bibliothek Irlands wurde 1701 von Erzbischof Narcissus Marsh gegründet. 30 000 seltene Bücher und Manuskripte ruhen hier in einem Ambiente, das seit mehr als drei Jahrhunderten unverändert blieb: Selbst die versperrbaren Käfige sieht man noch, in denen Besuchern einst erlaubt war, besonders wertvolle Bücher zu begutachten.

Dublin 8 | St. Patrick's Close | LUAS: St. Stephen's Green | www.marshlibrary. ie | Mo, Mi–Fr 9.30–13, 14–17, Sa 10–13 Uhr | Eintritt 3 €, Kinder 2 €

7 Molly Malone Statue 📖 E 5

Das alte Volkslied »Molly Malone« – auch »Cockles and Mussels« – gilt als die offizielle Hymne Dublins: Sie wird in Pubs zu später Stunde ebenso angestimmt wie bei einem Spiel der »Dubs« in Hurling oder Gaelic Football im Croke Park Stadium. Die Ballade erzählt die Geschichte einer schönen Dubliner Fischhändlerin, die in jungen Jahren am Fieber starb. Eine Bronzestatue am Beginn der Grafton Street ist ihr gewidmet, 1988 geschaffen von Jean Rynhart zu Ehren der 1000-Jahr-Feier Dublins. Die Skulptur wird im Volksmund auch als »Tart with the cart«, »Dish with the fish« oder »Dolly with the trolley« bezeichnet.

Dublin 2 | Grafton St. | LUAS: St. Stephen's Green

8 Old Library & Book of Kells

E 5

Zu den größten Sehenswürdigkeiten des **Trinity College** ⑥ gehören das **Book of Kells**, ein handgeschriebenes Manuskript aus dem 9. Jh., das **Book of Durrow and Armagh** und eine frühe irische Harfe, zu sehen in der **Schatzkammer** und dem **Long Room**.

Das Book of Kells aus dem 9. Jh. ist eine farbenprächtige Interpretation der Gospeln, enthält die vier Evangelien und wurde von irischen Mönchen geschaffen. Das Book of Durrow ist sogar noch älter, entstand um 675, war aber im 16. Jh. längere Zeit verschollen und wurde im Besitz eines Farmers gefunden, der es etwas ungewöhnlich einsetzte. Er ließ im Bedarfsfall Wasser drüberlaufen, um seine Kühe bei Krankheiten zu heilen.

Die **Old Library** wurde nach einem Plan von Thomas Burgh zwischen 1712 und 1732 errichtet. Der Long Room der alten Bibliothek ist gefüllt mit kunstvoll gebundenen alten Büchern: insgesamt 200 000, einige der wertvollsten kann man unter Glas bewundern.

🕐 Um die Warteschlangen am Eingang zur Old Library zu vermeiden, besuchen Sie das Trinity College am besten an einem Wochentag frühmorgens.
Trinity College, College St. | LUAS: Abbey Street, St. Stephen's Green | www.bookofkells.ie | Mo–Sa 9.30–17, So (Mai–Sept.) 9.30–16.30, So (Okt.–April) 12–16.30 Uhr | Eintritt 9 €, Kinder frei

9 Science Gallery

F 5

Moderne thematische Auffrischung im Osten des Trinity Campus: Hier wird (fast) alles gezeigt, was die moderne

Mehr als 200 000 Bücher und Schriften werden in der Old Library (▶ S. 67) des Trinity College aufbewahrt, darunter auch das berühmte Book of Kells aus dem 9. Jh.

Wissenschaft möglich macht – von Robotic Art bis Techno-Kleidung. Eine Schnittstelle von Kunst, Wissenschaft und Technologie. Keine permanente Ausstellung, dafür gibt es ständig interessante Wechselschauen.

Dublin 2 | Trinity College, Pearse St. | Bus: Pearse St., Sandwith St., DART: Pearse St. | Tel. 01 8 96 40 91 | www.dublin. sciencegallery.com | Di–Fr 8–18, Sa–So 12–18 Uhr | Eintritt frei

🔟 St. Audoen's Catholic Church
🦋 C 5/6

Die einzige noch erhaltene mittelalterliche Kirche Dublins ist dem Patron der Normandie gewidmet. Sehenswert sind die Grabsteine der Sparke- and Duff-Familien und das Grabmal von Baron Portlester und seiner Frau aus dem 15. Jh.

Dublin 8 | Cornmarket, High St. | LUAS: Four Courts | www.heritageireland.ie/ en/saintaudoenschurch | April–Okt. tgl. 9.30–17.30 Uhr | Eintritt frei

⭐ St. Patrick's Cathedral
🦋 D 6

Das größte Gotteshaus Irlands stammt aus dem 13. Jh., wurde aber auf einem älteren Bau errichtet, der auf das 5. Jh. und damit auf den hl. Patrick zurückgeht: An einer Quelle soll er damals Gläubige getauft haben. Die Kirche war – mehr noch als Christ Church Cathedral – der Mittelpunkt der angloirischen Gemeinde, davon zeugen zahlreiche Grabsteine und Plaketten, u. a. für die früheren Staatspräsidenten Erskine Childers und Douglas Hyde. Eine Ehrenrolle erinnert an 50 000 britische Soldaten, die im Zweiten Weltkrieg fielen.

Ob im Restaurant, im »Deli« oder wie hier im Delikatessenladen von Fallon & Byrne (▶ S. 69): Hier fühlt sich der Kunde wie im siebten Feinschmeckerhimmel.

Der Schriftsteller Jonathan Swift war von 1713 bis 1745 Dekan von St. Patrick's, in dieser Zeit schrieb er auch seine wichtigsten Werke, allen voran »Gullivers Reisen«. Swift setzte sich aber auch für die Gleichbehandlung der irischen Katholiken ein und hinterließ eine große Summe Geld, um St. Patrick's Hospital zu errichten. Das Gotteshaus birgt auch sein Grabmal.

Dublin 8 | St. Patrick's Close | LUAS: St. Stephen's Green | www.stpatricks cathedral.ie | März–Okt. Mo–Sa 9–17, So 12.30–14.30, 16.30–18, Nov.–Feb. Mo–Fr 9–17, Sa 9–17, So 9–10.30, 12.30–14.30 Uhr | Eintritt 5,50 €, Kinder 4,50 €

11 St. Patrick's Park 🚻 ⚑ D 6

Eine grüne Oase in der Stadt. Auf der Ostseite erinnern Inschriften an die bekanntesten irischen Literaten.

Dublin 8 | St. Patrick's Close | LUAS: St. Stephen's Green | stpatrickscathedral. ie | Dez.–Jan. Mo–Fr 8–16.30, Sa, So 10–16.30, Feb., Nov. Mo–Fr 8–17, Sa, So 10–17, März, Okt. Mo–Fr 8–18, Sa, So 10–18, April, Sept. Mo–Fr 8–20, Sa, So 10–20, Mai–Aug. Mo–Fr 8–21, Sa, So 10–21 Uhr | Eintritt frei

6 Trinity College ⚑ E 5

Der 30 m hohe Campanile, zwischen 1852 und 1853 nach Plänen von Charles Lanyon errichtet, die Kapelle, die Dining Hall, das Graduates' Memorial Building oder das Rubrics Building (mit Baujahr 1690 das älteste Gebäude des Colleges) sind größtenteils nur von außen zu bewundern, ebenso wie das Provost's House, ein Musterbeispiel georgianischen Stils. Trotzdem lohnt sich ein Spaziergang über das Gelände. Man kann die Berkeley Library von 1967 oder das Arts & Social Science

Building mit der Douglas Hyde Gallery of Modern Art besuchen. Vor dem Berkeley Building steht die Skulptur »A Sphere within a Sphere«, geschaffen vom Mailänder Bildhauer Arnaldo Pomodoro: die Erde umgeben von einer äußeren Hülle, der Christenheit.

12 Whitefriar Street Carmelite Church ⚑ D 6

Am Altar dieser Kirche sollen die Reliquien des hl. Valentin zu finden sein, daher herrscht hier auch am 14. Februar reger Betrieb. Zu bewundern ist auch »Our Lady of Dublin«, eine mittelalterliche Holzstatue der Muttergottes.

Temple Bar | Whitefriar St./Aungier St. | LUAS: St. Stephen's Green | www.carme lites.ie | Mo, Mi–Fr 7.30–18, Di 7.30–21, Sa 8.30–19, So 7.30–19 Uhr | Eintritt frei

MUSEEN UND GALERIEN

MUSEEN

13 **Chester Beatty Library** ▶ S. 109
14 **Dublinia & The Viking World**
▶ S. 109
15 **Irish Museum of Modern Art**
▶ S. 111

GALERIEN

16 **Douglas Hyde Gallery** ▶ S. 114
17 **Graphic Studio Gallery** ▶ S. 114
18 **Green on Red** ▶ S. 114
19 **Kevin Kavanagh Gallery** ▶ S. 115
20 **Monster Truck** ▶ S. 115
21 **Temple Bar Gallery & Studios**
▶ S. 115

ESSEN UND TRINKEN

RESTAURANTS

22 **Fallon & Byrne** ⚑ D/E 5

Für jeden etwas – Unter einem Dach: eine Brasserie mit exzellenter Küche,

ein Deli mit etwas günstigeren, einfacheren Gerichten und ein Café.
Dublin 2 | 11–17 Exchequer St. | LUAS: Jervis, St. Stephen's Green | Tel. 01 4 72 10 10 | www.fallonandbyrne.com | Mo–Fr 8–21, Sa 9–21, So 11–19 Uhr | €€

23 Fine Cuts D 5

Kreative Küche – Der ehemalige Dining Room des Clarence Hotels wurde in ein modernes Großstadtrestaurant mit funktionell-minimalistischem Design umgewandelt. Die Auswahl der Speisen ist kreativ. Versuchen Sie das »St. Tola Goat Cheese Parfait« oder die knuprige Lammbrust mit Rosmarin.
Dublin 2 | East Essex St., Temple Bar | LUAS: St. Stephen's Green | www.cleavereast.ie | €€€

24 Rustic Stone D 6

Alles andere als rustikal – Bei Meer und Land fühlt sich Küchenchef Dylan McGrath gleichermaßen wohl. Das Credo seines Restaurants: wenn möglich lokale Ingredienzien, »rustikal« zubereitet. Seine Meriten hat sich McGrath im Mint in Ranelagh im Süden Dublins erkocht, einst eines der besten Lokale Irlands.
Dublin 2 | South Great George's St. | LUAS: St. Stephen's Green | Tel. 01 7 07 95 96 | www.rusticstone.ie | Mo–Fr 12–14.30, 17.30–22.30, Sa 13–22.30, So 13–21 Uhr | €€

25 Silk Road D 6

Ferner Osten – Das asiatische Thema der Chester Beatty Library nimmt das Restaurant im Atrium des Museums in seiner kleinen, aber feinen Speisekarte auf: fernöstlich inspirierte Küche, auch für den kleinen Hunger.

Dublin 2 | Chester Beatty Library, Dublin Castle | LUAS: Jervis | Tel. 01 4 07 07 70 | www.silkroadcafe.ie | Di–Fr 10–16.30, Sa 11–16.30, So 13–16.30 Uhr | €€

CAFÉS

26 Bald Barista D 6

Der Barista heißt Buzz Fendall und ihm mangelt es an Haarpracht (auf Englisch: »bald«). Das hindert ihn natürlich nicht, einen der besten Kaffees in Dublin zu fabrizieren. Dazu gibt's Snacks und kleine Gerichte.
Dublin 2 | 55 Aungier St. | LUAS: St. Stephen's Green | www.thebaldbarista.com | Tel. 01 8 63 12 99 80 | Mo–Fr 6.30–20, Sa–So 7.30–18 Uhr | €

27 Cake Café D 6

Manche sagen, die besten hausgemachten Torten, Gebäck oder »cupcakes« der Stadt sind in diesem im Retrostil gehaltenen Café zu finden: Kosten Sie doch mal den leckeren »Lemon Slice«! Alles auch zum Mitnehmen.
Dublin 2 | Daintree Stationers, Pleasants Place | LUAS: St. Stephen's Green | Tel. 01 4 78 93 94 | www.thecakecafe.ie | Mo 8.30–18, Di–Fr 8.30–20, Sa 8.30–18 Uhr | €

PUBS UND BARS

28 Anseo E 6

Hippe Bar in der Camden Street, ständig wechselnde DJs sorgen für die passende Beschallung.
Dublin 2 | 18 Camden St. Lower | LUAS: St. Stephen's Green | Tel. 01 4 75 13 21 | Öffnungszeiten auf Anfrage | €

29 Grogan's Castle Lounge E 5/6

Hier verkehrten einst viele Dubliner Kreative und noch heute verströmt die

Die hohe Kunst der Kaffeezubereitung wird im Bald Barista Café (▶ S. 70) zelebriert. Dazu werden süße Teilchen oder pikante Snacks gereicht.

Bar die Atmosphäre eines Künstlerlokals.

Dublin 2 | 15 South William St. | LUAS: St. Stephen's Green | www.groganspub. ie | Mo–Do 10.30–23.30, Fr, Sa 10.30–0.30, So 12.30–23 Uhr | €

30 **International Bar** ▶ S. 45
31 **John Mulligan's** ▶ S. 28
32 **JW Sweetman, Craft Brewery**
    ▶ Im Fokus, S. 33

33 **Long Hall** D 6
Gediegenes viktorianisches Ambiente mit Kerzenleuchtern und Holztäfe-

lung. Kurzum, eines der schönsten Pubs der Stadt.

Dublin 2 | 51 South Great George's St. | LUAS: St. Stephen's Green | Tel. 0 14 75 15 90 | Mo–Mi 16–23.30, Do 13–23.30, Fr–Sa 13–0.30, So 15–23 Uhr | €

34 **No Name Bar** ▶ S. 29

35 **Palace Nightclub** D 6
Bekannt aus »The Commitments«, dem Filmklassiker nach dem Buch von Roddy Doyle. Guter Mix aus alter und neuer Charts-Musik, älterem und jungem Publikum.

Dublin 2 | 84–87 Camden St. Lower | LUAS: Harcourt | Tel. 0 14 78 08 08 | www.thecamdenpalace.com | tgl. 12 Uhr–open end

36 Porterhouse ▸ Im Fokus, S. 33
37 The Mint Bar ▸ S. 29

⭐ **The Stag's Head** 📗 E 5
Der sicherlich schönste Ort in Dublin, um ein Guinness zu genießen: dunkles Holz mit Einlegearbeiten, bunte Glasfenster, über der Bar eine Hirschtrophäe mit mächtigem Geweih, viktorianische Smoking Lounge, schummrige Atmosphäre. Hier waren schon James Joyce, Regisseur Quentin Tarantino und der Freiheitskämpfer Michael Collins zu Gast.
Dublin 2 | 1 Dame Court | LUAS: St. Stephen's Green | Tel. 0 16 79 36 87 | www. thestagshead.ie | Küche 12–15, 17–19 Uhr

The Stag's Head 1
Das Guinness läuft samtig ins Glas, die Nachmittagssonne taucht den Raum aus dunklem Holz in schummriges Licht. Das Stag's Head ist eines der schönsten Pubs, erst recht, wenn im ersten Stock die Musiker Fiedel, Banjo und »tin whistle« auspacken (▸ S. 12).

EINKAUFEN
MODE
38 Dolls Boutique  📗 D 6
Werfen Sie einen Blick auf Petria Lenehans tragbare und erschwingliche Designermode (designt und produziert in Irland). Und den Kaffee nach dem Einkauf gibt's gleich daneben in

Bibi's Café – betrieben von Petrias Schwester Maisha.
Dublin 8 | 14A Emorville Avenue | LUAS: Harcourt | www.dollsboutique.ie

39 Kilkenny Design Centre ▸ S. 39

40 Om Diva & Atelier 27 📗 E 6
In dem vierstöckigen Boutique- und Ateliergebäude kann man recycelte Vintage-Accessoires ebenso erwerben wie Designermode von rund 30 jungen Designern, die im hauseigenen Atelier Unterschlupf gefunden haben.
Dublin 2 | 28 Drury St. | LUAS: St. Stephen's Green | Tel. 0 16 79 12 11

41 Indigo & Cloth ▸ S. 40

WEIN
42 Berry Bros & Rudd 📗 E 6
Exzellente Weinauswahl, von Chilenen für die kleine Geldbörse bis zu den ganz großen Weinen aus Burgund und Bordeaux.
Dublin 2 | 4 Harry St. | LUAS: St. Stephen's Green | www.bbr.com

WOHNEN
43 Designist ▸ S. 41

KULTUR UND UNTERHALTUNG
44 Button Factory 📗 D 5
In der Konzert-Location im Herzen von Temple Bar treten lokale Größen und internationale Alternative-Bands auf.
Dublin 2 | Curved St. | LUAS: St. Stephen's Green | www.buttonfactory.ie | Programm und Tickets auf Anfrage

45 JJ Smyths 📗 D 6
Ein Stockwerk über einer gemütlichen Bar wird täglich dem Jazz gehuldigt.

Dublin 2 | 12 Aungier St. | LUAS: St. Stephen's Green | www.jjsmyths.com | Mo–Do 10.30–23.30, Fr, Sa 10.30–0.30, So 12.30–23 Uhr

Irische Straßenmusiker

Eine Menschenmenge auf der Grafton Street, mitreißende irisch angehauchte Musik. Die Band ist gut, wer weiß, vielleicht spielen die Jungs in zwei Jahren auf den großen Festivals, so wie heute der Shootingstar »Passenger« (▶ S. 13).

46 Olympia ▶ D 5

Dublins erste Music Hall, in der neben vielen Comedians auch Indie- und Alternative-Bands auftreten. Die Konzerthalle verströmt immer noch etwas viktorianisches Flair, schon wenn man durch den kunstvoll verglasten Eingang tritt.

Dublin 2 | 72 Dame St. | LUAS: Jervis | Tel. 0 16 79 33 23 | www.olympia.ie | Kartenvorverkauf tgl. 10.30–18.30 Uhr

47 Project Arts Centre ▶ S. 44
48 Vicar Street ▶ S. 45

49 Workman's Club ▶ D 5

Im früheren Arbeiterklub finden heute 300 Leute Platz und genießen vor allem Konzerte von Singer-Songwritern, darunter viele junge Künstler.

Dublin 2 | 10 Wellington Quay | LUAS: Jervis | www.theworkmansclub.com | Öffnungszeiten variieren

KINO
50 Irish Film Institute ▶ S. 45

Nach einem Besuch im Irish Film Institute (▶ S. 45, 73), das sich Filmraritäten verschrieben hat, trifft man sich auf einen Schwatz in der angrenzenden Café-Bar.

RUND UM ST. STEPHEN'S GREEN UND GRAFTON STREET

Künstler wie Damien Rice, Glen Hansard oder Patty Casey
haben eines gemeinsam: Sie waren Straßenmusiker in
der Grafton Street, bevor sie (Hansard gar als Oscar-Preisträger)
international bekannt wurden.

Wer weiß, ob aus dem jungen Mann mit der Gitarre und der schmachten-
den Stimme, dem man eine CD aus seinem Koffer abkauft, nicht der
nächste »Passenger« wird (der auch als Straßenmusiker durch die Welt
tingelte, bevor er berühmt wurde). Aber Straßenmusiker sind nicht das
Einzige, was man in der Grafton Street bewundern kann: Die Straße, die
von Trinity College zum St. Stephen's Green führt, ist auch – neben der
Henry Street – die wichtigste Shoppingmeile der Stadt. Weirs verkauft
hier seinen Schmuck, Brown Thomas seine Anzüge und noch viele andere mehr (fast) alles, was man begehrt. Die Straße wurde übrigens nach
dem ersten Duke of Grafton benannt, der Land in dieser Gegend besaß.
Auf der Südseite der Grafton Street ist St. Stephen's Green der bekanntes-

◀ Für Ruhe von der urbanen Alltagshektik bürgt der Park St. Stephen's Green (▶ S. 74).

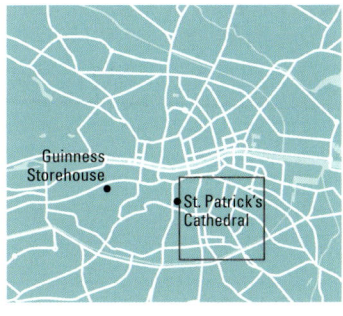

te viktorianische Park Irlands: 9 ha groß wurde er 1880 eröffnet. Davor war er lange Zeit Schauplatz öffentlicher Hinrichtungen und Auspeitschungen. Bis heute ist St. Stephen's Green eine der schönsten und gepflegtesten grünen Lungen der irischen Hauptstadt. Ein Wasserfall und ein kleiner See sind beliebter Treffpunkt der Dubliner, die hier – sollte es mal nicht regnen – ihre Lunch-Sandwiches zu sich nehmen.

GEORGIANISCHES FLAIR

Die Straßen rund um St. Stephen's Green und östlich bis zum Merrion Square sind bekannt für ihre Bauten im georgianischen Stil, die an eine prosperierende Zeit in der Geschichte Dublins erinnern. Auch einige der bedeutendsten Museen und Galerien sind hier zu finden. Aber nicht nur das: Rund um die Grafton Street liegt eine wichtige Ausgehmeile der Stadt – mit mehr Stil als Temple Bar und besseren Pubs, sagen die Kenner. Auch einige der besten Restaurants Irlands locken in dieses Viertel.

SEHENSWERTES

① Leinster House ⚓ E/F 6

Als erster Prachtbau im 18. Jh. am Südufer des Liffey errichtet: Richard Castle erbaute das Haus zwischen 1745 und 1748 für den Earl of Kildare, den späteren Duke of Leinster. Interessanterweise hat das Haus, das im 18. Jh. noch Kildare House hieß, zwei Fronten: Eine blickt auf die Kildare Street, eine auf den Merrion Square, verbunden sind beide durch einen langen Korridor. Damit soll Leinster House auch das Vorbild für das Weiße Haus in Washington gewesen sein. Möglich ist es: Der Architekt des Weißen Hauses, James Hoban, wurde 1762 in Kilkenny geboren.

Heute ist hier der Sitz des irischen Parlaments mit dem »Dáil« (Unterhaus) und dem »Seanad« (Oberhaus). Der »Seanad« tritt im North Wing Saloon zusammen, der »Dáil« im ehemaligen Lecture Theatre.

Dublin 2 | Kildare St. | LUAS: St. Stephen's Green | www.oireachtas.ie | geführte Touren in sitzungsfreien Zeiten: Mo–Fr 10.30, 11.30, 14.30, 15.30, tel. Anmeldung empfohlen: 0 16 18 32 71/37 81 | Eintritt frei

2 National Library of Ireland E 6

Acht Millionen Exponate finden sich in der Sammlung der Nationalbibliothek – von Musik, über Karten, Manuskripte und Zeitschriften bis hin zu Wappen und genealogischem Material. Besuchen Sie den Leseraum – in dem Stephen Dedalus in Joyces »Ulysses« über Shakespeare schwadronierte.

Dublin 2 | Kildare St. | LUAS: St. Stephen's Green | www.nli.ie | Mo–Mi 9.30–19.45, Do, Fr 9.30–16.45, Sa 9.30–12.45 Uhr | Eintritt frei

3 Newman House E 6

Einst gehörten diese beiden Stadthäuser – zwei der schönsten Exemplare georgianischer Architektur – der Catholic University of Ireland, heute dem University College Dublin. An die katholische Vergangenheit erinnern noch einige der Figuren an der Fassade, deren Nacktheit nachträglich durch ein Steinkostüm verdeckt wurde.

Im Newman House selbst sollten Sie den Apollo-Raum besuchen, auf dessen Paneelen Apollo und die Musen zu sehen sind. Im Nachbargebäude ist der spartanische Studier- und Schlafraum des Dichters Gerard Manley Hopkins sehenswert, ebenso die 1856 im byzan-

tinischen Stil fertiggestellte Newman University Church.

Dublin 2 | 85–86 St. Stephen's Green South | LUAS: St. Stephen's Green | Tel. 0 14 75 72 55 | www.ucd.ie | Besichtigung nur mit Führung möglich: Juni–Aug. Di–Fr 14, 15, 16 Uhr | Eintritt 5 €, Kinder 4 €

4 Phil Lynott Statue E 6

Der Bassist und Sänger der Hardrock-Band Thin Lizzy hat die zweite Hymne Dublins geschrieben: Wenn »Molly Malone« verklungen ist, wird gerne auch »The Boys Are Back in Town« angestimmt, einer der größten Erfolge des 1986 verstorbenen Musikers. Dem Dublin-Original Phil Lynott wurde ebenfalls – wie James Joyce oder Molly Malone – eine Bronzestatue gewidmet. Sie steht in der Harry Street, einer Seitengasse der Grafton Street, vor der Musikbar Bruxelles (▶ S. 44).

Dublin 2 | Harry St. | LUAS: St. Stephen's Green

MUSEEN UND GALERIEN

MUSEEN

5 Jewish Museum ▶ S. 111
6 Little Museum ▶ Im Fokus, S. 116
7 National Gallery of Ireland ▶ S. 111
10 National Museum of Archaeology & History ▶ S. 112
8 Number 29 Georgian House Museum ▶ S. 113

GALERIEN

9 Duke Street Gallery ▶ S. 115
10 Kerlin Gallery ▶ S. 115
11 Royal Hibernian Academy ▶ S. 115
12 Taylor Galleries ▶ S. 115

Kildare Street Club 3

Wenn Sie die National Library besuchen, werden Ihnen ein paar Billard spielende Affen an einem Türfries auffallen: In dem Gebäude war bis 1977 der elitäre Kildare Street Club untergebracht. Die Affen sollen die Mitglieder des Klubs darstellen (▶ S. 13).

© MERIAN-Kartographie

ESSEN UND TRINKEN

RESTAURANTS

🔴13 Bang Restaurant ⚓ E 6

Lachs & Beef – Hippes Publikum, elegantes Design, dazu eine hervorragende Küche: Klassiker sind Clare Island Lachs, der Fasan mit Parmaschinkenfüllung oder das in Guinness und Rotwein gekochte »Hereford Beef«. Geschäftige, aber angenehme Atmosphäre. Zuvorkommender, unaufdringlicher Service.
Dublin 2 | 11 Merrion Row | LUAS: St. Stephen's Green | Tel. 01 4 00 42 29 | www.bangrestaurant.com | Mo–Mi 12.30–15, 18–22.30, Do–Sa 12.30–15, 18–23 Uhr | €€

🔴14 Bóbó's 🚻 ⚓ D 5/6

Burger-King – Die beste Burger-Bude der Stadt, aber keine Fließbandware, sondern mit viel Fantasie kreiert.
– Dublin 2 | 22 Wexford St. | LUAS: St. Stephen's Green | Tel. 01 4 00 57 50 | € – Dublin 2 | 50–51 Dame St. | LUAS: Jervis | Tel. 01 6 72 20 25 | www.bobos.ie | Mo–Mi 12–23, Do–So 14–24 Uhr | €

🔴15 DAX ⚓ E 6

Bordeaux & Burgund – Nahe der National Concert Hall – und ideal für ein Pre-Theatre-Dinner – liegt dieser feine Franzose: Er besticht durch elegantes Interieur, kreative Küche und eine exzellente Weinkarte.

Bier mag in Dublin zwar das vorherrschende Getränk sein. Doch einen edlen Tropfen, wie er in der Ely Wine Bar (▶ S. 79) kredenzt wird, weiß man auch zu schätzen.

Dublin 2 | 23 Upper Pembroke St. | LUAS: St. Stephen's Green | Tel. 0 16 76 14 94 | www.dax.ie/restaurant | Di–Fr 12.30–14, 17.30–22, Sa 17.30–22 Uhr | €€

16 Diep Le Shaker 🧍↕ 💧F 6

Thai-Klassiker – Viele Curries, aber auch sonst eine breite Palette an asiatischer Küche in einem fröhlichen, unkomplizierten Restaurant.
Dublin 2 | 55 Pembroke Lane | LUAS: St. Stephen's Green | Tel. 0 16 61 18 29 | www.diep.net | Di, Mi 12–14.30, 17–22, Do 12–14.30, 17–22.30, Fr 12–14.30, 17–23, Sa 17–22.30 Uhr | €–€€

17 L'Ecrivain ▶ S. 27

18 Hatch & Sons 🚩 💧E 6

Im Museum – Im Parterre des Little Museum of Dublin untergebracht: »Fivemiletown Goat's Cheese«, »Beef & Guinness Stew« oder ein »Irish Free Range Chicken Salad« stehen auf der Speisekarte, die Grundprodukte stammen alle von ausgewählten irischen Farmern.
Dublin 2 | 15 St. Stephen's Green | LUAS: St. Stephen's Green | Tel. 0 16 61 00 75 | www.hatchandsons.co | Mo, Di, Fr 8–17, Mi–Do 8–21, Sa 9–18, So 11–17 Uhr | €€

⓳ Kehoe's ⚑ E 6

Beliebtes viktorianisches Pub. Im ersten Stock war einst ein Wohnzimmer, aber heute wird hier Bier gezapft.

Dublin 2 | 9 South Anne St. | LUAS: St. Stephen's Green | Tel. 0 16 77 83 12 | www.louisfitzgerald.com/kehoes | Mo–Sa 11.30–2 Uhr | €

⓴ One Pico ▶ S. 28
㉑ Restaurant Patrick Guilbaud ▶ S. 27

㉒ Pearl Brasserie ⚑ E/F 6

Seafood – Elegant und distinguiert, ideenreich und kreativ werden hier untertags Austern oder Burger serviert, am Abend widmet man sich fast ausschließlich den Meeresfrüchten. Große Weinauswahl.

Dublin 2 | 20 Merrion St. Upper | LUAS: St. Stephen's Green | Tel. 0 16 61 35 27 | www.pearl-brasserie.com | Mo–Fr 12–14.30, 18–22.30, Sa 18–22.30 Uhr | €€

㉓ Shanahan's on the Green ▶ S. 28

㉔ Sixty6 ⚑ E 6

Zentral – Das stylische Lokal hat sich zu einem der verlässlichsten Restaurants der Stadt entwickelt: Die französisch-mediterran angehauchte Brasserie serviert von Hühnerleber auf Toast bis zu mit Aprikosen und Pflaumen gefüllter Entenbrust Köstliches. Auch die Auswahl an Cocktails ist nicht zu verachten …

Dublin 2 | 66 South Great George's St. | LUAS: St. Stephen's Green | www.brasseriesixty6.com | Mo–Do 8–15, 17–23, Fr, Sa 10–23.30, So 10–23 Uhr | €€€

㉕ Thornton's ▶ S. 28

㉖ Town Bar and Grill ⚑ E 6

Vor dem Museum – Hier kann man sich vor einem Besuch im National Museum of History stärken: mediterran angehauchte Küche, beste heimische Zutaten.

Dublin 2 | 21 Kildare St. | LUAS: St. Stephen's Green | Tel. 0 16 62 47 24 | www.townbarandgrill.com | Mo–Do 12.30–15, 17–22, Fr, Sa 12.30–22, So 13–22 Uhr | €€

CAFÉS

㉗ Bewley's Oriental Café ▶ S. 28

Essen im Bewley's Café Theatre ❹

Lust auf Lunchtime-Drama? Vielleicht etwas von George Bernard Shaw, Oscar Wilde oder einem der jungen irischen Autoren, während man seine Suppe löffelt? Dann sind Sie hier richtig. Das Stück beginnt um 13.10 Uhr und endet um 14 Uhr (▶ S. 13).

PUBS UND BARS
㉘ Bernard Shaw ▶ S. 28
㉙ Bruxelles ▶ S. 44

㉚ Dawson Lounge ⚑ E 6

Das kleinste Pub der Stadt gleich nördlich von St. Stephen's Green.

Dublin 2 | 25 Dawson St. | Tel. 0 16 71 03 11 | Mo–Do 10.30–23.30, Fr, Sa 10.30–0.30, So 12.30–23 Uhr | €

㉛ Ely Wine Bar ⚑ E 6

Neben einer großen Auswahl an Weinen (viele davon glasweise) werden auch ein hervorragender Bio-Burger und irische Klassiker serviert. Und probieren Sie's: Die irische Käseplatte passt hervorragend zu einem italienischen Rosso. Hat neben dem Flaggschiff am Ely Place noch zwei Ableger: im IFSC (International Financial Services Center) in den Docklands und am Grand Canal Square.

Dublin 2 | 22 Ely Place | LUAS: St. Stephen's Green | Tel. 0 16 76 89 86 | www.elywinebar.ie | Mo–Do 12–23.30, Fr 12–24, Sa 13–24 Uhr | €€

32 Peploe's E 6

Seit Langem die beste Weinbar der Stadt, aber auch angenehm kreative Gerichte, mediterran beeinflusst. Probieren Sie das Risotto!

Dublin 2 | St. Stephen's Green | LUAS: St. Stephen's Green | Tel. 0 16 76 31 44 | www.peploes.com | Mo–Sa 12–23, So 12–22 Uhr | €€

33 Solas D 6

An der Bar auf der Dachterrasse kann man den Tag ausklingen lassen, aber auch die anderen beiden Stockwerke stehen dem kaum nach: chillige und nicht selten jazzige Musik. Spezialität sind die Cocktails, für die das Lokal schon als beste Bar der Stadt ausgezeichnet wurde. Achtung: am Wochenende proppenvoll!

Dublin 2 | 31 Wexford St. | LUAS: Harcourt | Tel. 0 14 78 05 83 | www.solasbars.com | Fr–Sa 12–3, So–Do 12–1 Uhr | €€

34 Village D 6

Moderne Jazz- und Rockbar mit hervorragenden »Pub Grubs«.

Dublin 2 | 26 Wexford St. | LUAS: Harcourt | Tel. 0 14 75 85 55 | www.thevillagevenue.com | tgl. 11–2 Uhr | €

EINKAUFEN

ACCESSOIRES

35 Article E 6

Selbst designte Tischwäsche und Accessoires, Tassen und Geschirr.

Dublin 2 | 22 Powerscourt Townhouse, South William St. | LUAS: St. Stephen's Green | www.articledublin.com

MODE

36 Blarney Woollen Mills ▶ S. 39
37 Bow ▶ S. 40
38 Henry Jermyn ▶ S. 40

39 Tyrell and Brennan F 6

In der Luxus-Damenschneiderei von Niall Tyrell und Donald Brennan lassen sich auch Weltstars Maß nehmen. Alle Stücke werden handgefertigt.

13 Lower Pembroke St. | LUAS: Harcourt | Tel. 0 16 78 83 32 | www.tyrellandbrennan.com

DEPARTMENT STORES

40 Brown Thomas ▶ S. 40
41 Powerscourt Townhouse Centre ▶ S. 40
42 Stephen's Green Centre ▶ S. 40

BÜCHER UND MUSIK

43 Cathach Books E 6

Erstausgaben, manchmal sogar signierte Bücher irischer und amerikanischer Autoren, auch Briefmarken und Drucke.

Dublin 2 | 10 Duke St. | LUAS: St. Stephen's Green | www2.rarebooks.ie

44 Celtic Note E 5/6

Traditionelle irische Musik, aber auch viel Folk. Große Auswahl an CDs.

Dublin 2 | 12 Nassau St. | LUAS: St. Stephen's Green | www.celticnote.com

SCHMUCK UND KUNST

45 Designyard ⚓ E 5

Hier gibt es ausgefallenen Schmuck, aber auch Skulpturen, Lampen und edle Schreibgeräte. Dazu wechselnde Kunstausstellungen.

Dublin 2 | 48 Nassau St. | LUAS: St. Stephen's Green | www.designyard.ie

KULTUR UND UNTERHALTUNG

OPER, BALLETT UND KONZERTE

46 Gaiety ⚓ E 6

Die historische Konzerthalle beherbergt heute nicht nur Theater und Oper, sondern auch Popkonzerte und DJ-Sets für jeden Geschmack.

Dublin 2 | King Street South | LUAS: St. Stephen's Green | Tel. 01 67 95 62 2 | www.gaietytheatre.ie

47 National Concert Hall ▶ S. 44

48 Sugar Club ⚓ E 6

Elitärer Club, der sich auf Jazz und Singer/Songwriter spezialisiert hat: Man sitzt bequem an Tischen, dazu gibt's gute Drinks.

Dublin 2 | 8 Leeson St. Lower | LUAS: St. Stephen's Green | Tel. 01 6 78 71 88 | www.thesugarclub.com | Mo–Do 20–24, Fr–So 20–2.30 Uhr | wechselnde Eintrittspreise

49 Whelan's ⚓ D 6

Dublins Hauptbühne für Indie- und Alternative-Rock. (Fast) jeden Abend gibt es Konzerte, aber auch eine Bar zum Abhängen.

Dublin 2 | 25 Wexford St. | LUAS: Harcourt | Tel. 01 4 78 07 66 | www.whelanslive.com | Tickets unter Tel. 01 89 02 00 07 8 (Mo–Fr 13–20, Sa 16–20 Uhr)

Ein Abend im Peploe's (▶ S. 80) verspricht doppelten Genuss: wegen der mediterran angehauchten Gerichte und der riesigen Auswahl an erlesenen Weinen.

VON DER O'CONNELL STREET DEN LIFFEY AUFWÄRTS

»Stiletto in the Ghetto« wird der »Spire«, das neue Wahrzeichen Dublins, auch genannt. 120 m schraubt er sich auf der O'Connell Street in die Höhe. Die 2001 errichtete Stahlkonstruktion gilt als längste Skulptur der Welt.

Die stählerne Skulptur **The Spire** hat auf dem Platz das Nelson-Denkmal ersetzt, das im März 1966 von der IRA in die Luft gesprengt wurde. Rund um die O'Connell Street auf der Nordseite des Liffey lag nämlich das Epizentrum der Kämpfe um die irische Unabhängigkeit. Vom Hauptpostamt, in dem der Osteraufstand 1916 seinen Ausgang nahm, über die ehemalige Nelson-Säule bis zum nahen Gerichtshof Four Courts, der 1922 während des Bürgerkriegs zerstört wurde. Nicht zu Unrecht ist die O'Connell Street deshalb seit 1920 – davor hieß sie Sackville Street – nach einem Wegbereiter der irischen Unabhängigkeit benannt: Daniel O'Connell. Heute ist sie die Hauptverkehrsstraße der irischen Hauptstadt, 420 m lang und eine von Europas breitesten Straßen.

◀ Die O'Connell Street (▶ S. 82) mit The Spire und der Statue des Politikers Jim Larkin.

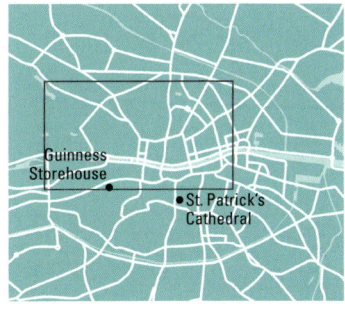

Nördlich des Liffey lagen einst die Arbeiterviertel, in denen die katholische Bevölkerung hauste, während südlich, rund um Dublin Castle ⭐ und St. Stephen's Green die reichen – oft protestantischen – Bürger wohnten und die britische Verwaltung ihren Sitz hatte. Noch heute machen viele Witze über North- und Southsider die Runde, wenn auch die Grenzen inzwischen fließend sind.

THEATER, WHISKEY UND WILDE TIERE

Rund um die lebendige O'Connell Street sind nicht nur Geschäfte, sondern auch einige der wichtigsten Theater Dublins zu finden: allen voran das Abbey und das Gate Theatre. Ansonsten bietet das Nordufer des Liffey für jeden etwas: Westlich der O'Connell Street ist das lebendige Quartier Bloom, dahinter Smithfield, noch im 17. Jh. ein Pferdemarkt. Hier ist die Old Jameson Distillery ebenso zu finden wie – noch weiter westlich – der Phoenix Park ⭐, einer der größten städtischen Parks der Welt. In der 808 ha großen grünen Lunge ist auch der Dublin Zoo untergebracht.

SEHENSWERTES

1 Dublin Zoo 👨‍👧 　　　A/B 4

1830 gegründet zählt der Tierpark zu den ältesten weltweit. Er beherbergt mehr als 700 Tierarten – darunter Schneeleoparden, Nashörner, Reptilien und Menschenaffen. 28 ha ist das Gelände groß, die »Asian Plains« mit Weiden und Waldgebieten erstrecken sich dabei schon über 14 ha. Eine weitere Themenwelt ist die Welt der Primaten. Für Kinder gibt es einen Streichelzoo, eine Eisenbahn und viele Spielplätze.

Dublin 8 | Phoenix Park | Bus: Parkgate St. | www.dublinzoo.ie | tgl. ab 9.30 Uhr | Eintritt 16 €, Kinder 11,50 €

2 Four Courts 　　　D 5

Im neoklassizistischen Stil gehalten sind die Four Courts am Inns Quay eines der imposantesten Gebäude der Stadt. Genau genommen sind es seit 2010, nach dem Umzug des Central Criminal Court, nur mehr drei Gerichtshöfe: Supreme Court, High Court und Dublin Circuit Court. Während des Osteraufstands 1916 und des Bürgerkriegs 1922 waren die Four Courts Schauplatz von Kämpfen und wurden weitgehend zerstört. Der Wiederaufbau dauerte bis 1932, wobei viele der architektonischen Details des Originalbaus (1776–1796) verloren gingen.

Dublin 1 | Inns Quay | LUAS: Abbey Street | www.courts.ie | Gebäude zu den Sitzungszeiten frei zugänglich

3 General Post Office ⚓E5

Hier begann 1916 der Osteraufstand, der sechs Jahre später zur Unabhängigkeit führte. Das Gebäude erlitt während des Aufstandes und im Bürgerkrieg schwere Schäden, wurde danach wieder aufgebaut, aber noch immer sieht man Kugellöcher in den Mauern. Im Postmuseum erfährt man mehr über Briefe, Leben und Freiheit (so der Titel der Ausstellung »Letters, Lives & Liberty«). Am Ostermontag, dem 23. April 1916, war das GPO einer der wichtigsten Punkte des Aufstandes. Ein Kurzfilm zeigt, was damals passierte; zu sehen ist auch eine Kopie der Pro-

klamation von 1916, in der die Iren ihre Unabhängigkeit erklärten.

Dublin 1 | O'Connell St. | LUAS: Abbey Street | www.anpost.ie/historyand heritage | Mo–Sa 10–17 Uhr | Eintritt 2 €

4 Halfpenny Bridge 🚹 ﹖ 🍃 E 5

1815 errichtet, ein Musterbeispiel viktorianischer Architektur. Ihren Namen hat die gusseiserne Liffey-Brücke (so

ihr offizieller Name) von der Höhe der Maut, die einst erhoben wurde, wenn man von Temple Bar südlich des Flusses ans Nordufer marschierte. 1919 wurde diese Fußgängermaut abgeschafft. Die Ha'penny Bridge ist 43 m lang, knapp 3,7 m breit und eine der meistfotografierten Sehenswürdigkeiten Dublins.

Dublin 1 | Bachelor's Walk | LUAS: Jervis

Wollen Sie's wagen?

St. Michan's Church ist die älteste Kirche auf der Nordseite des Liffey. Schon 1095 stand hier eine Kirche. Das Besondere daran? Aufgrund spezieller Bedingungen wurden die Leichen der Krypta mumifiziert, darunter viele wichtige Persönlichkeiten des 17., 18. und 19. Jh. Man sieht die Totenmaske des irischen Rebellen Wolfe Tone und die Särge der 1798 hingerichteten Republikaner John und Henry Sheares. Trauen Sie sich, den eingetrockneten Finger eines alten Kreuzfahrers zu berühren? Im Rahmen einer Führung ist das möglich. »Dracula«-Schöpfer Bram Stoker soll übrigens in der Krypta Ideen für seinen Roman gesammelt haben.
Dublin 7 | Church St. | LUAS: Four Courts, Smithfield | www.stmichans. com | Mitte März–Okt. Mo–Fr 10–12.45, 14–16.45, Sa 10–12.45, Nov.–Mitte März Mo–Fr 12.30–15.30, Sa 10–12.45 Uhr | Eintritt 5 €, Kinder 3,50 €

⑤ James Joyce Cultural Centre
 E 4

In einem eleganten georgianischen Gebäude untergebracht, nennt die Sammlung ein Ausstellungsareal mit Computerinstallationen und Videos ihr Eigen, dazu kommen persönliche Objekte aus dem Leben von James Joyce, darunter eine Kopie seiner Totenmaske und die Originalmöbel aus Paul Leons Pariser Appartement, in dem Joyce an »Finnegan's Wake« arbeitete. Auch eine Rekonstruktion seines Zimmers in Zürich ist zu sehen. An Joyces Schlüssel-

werk »Ulysses« erinnert die (ebenfalls ausgestellte) Haustür von Nr. 7 Eccles Street, der Adresse der Hauptfigur Leopold Bloom. Geführte Spaziergänge (Sa 11 und 14 Uhr) bringen dem Fan von hier aus Joyces Dublin näher. Das ganze Jahr finden Ausstellungen, Lesungen und Events statt.
Dublin 1 | 35 North Great George's St. | Bus: Parnell Square, LUAS: Abbey Street | Tel. 01 87 87 85 47 | www.jamesjoyce.ie | April–Sept. Mo–Sa 10–17, So 12–17, Okt.–März Di–Sa 10–17, So 12–17 Uhr | Eintritt 5 €, Kinder frei, geführte Spaziergänge 10 €

⑥ James Joyce Statue E 5

Dem wohl wichtigsten Schriftsteller der Stadt ist diese Bronzestatue an der O'Connell Street/Ecke North Earl Street gewidmet. Sie zeigt ihn mit süffisantem Lächeln und einem Rohrstock in der Hand.
Dublin 1 | O'Connell St. | LUAS: Four Courts

⑦ Millennium Footbridge D/E 5

Die zur Jahrtausendwende errichtete moderne Fußgängerbrücke über den Liffey steht in schönem Kontrast zur historischen Halfpenny Bridge ein paar Meter weiter flussaufwärts: Sie verbindet den Lower Ormond Quay im Norden mit dem Wellington Quay im Süden des Liffey.
Dublin 1 | LUAS: Jervis

⑧ O'Connell Monument E 5

Eine dominante Bronzestatue des Nationalhelden Daniel O'Connell befindet sich in der Mitte der gleichnamigen Straße, in Richtung Süden auf den Fluss blickend. Ihm zu Füßen symbolisieren Statuen seine Tugenden: Patriotismus, Mut, Glauben und Durchsetzungskraft.

Dublin 1 | O'Connell St. | LUAS: Four Courts

9 Old Jameson Distillery D 5

Old Jameson ist zwar schon lange nicht mehr in Betrieb (die Jameson-Whiskeys werden in der Destillerie in Midleton gebrannt), die ehemalige Brennerei am Nordufer des Liffey verströmt aber bis heute Aromen, als entstünde hier noch das bernsteinfarbene Getränk. Bei einer geführten Tour durch die multimedial aufgepeppten Produktionsstätten kann man die »mash tuns« (Maischefässer) und Brennkessel bewundern und auch die Hallen, in denen der Whiskey einst reifte. Zum Schluss gibt es noch eine Degustation und – wenn man will – ein Whiskey-Koster-Diplom. Im Store (▶ S. 41) kann man sich neben Whiskey mit Jameson-Mützen und T-Shirts eindecken.

Dublin 7 | Bow St., Smithfield Village | LUAS: Smithfield | www.tours.jameson whiskey.com | Mo–Sa 9–18, So 10–18 Uhr | Geführte Tour: 14 €, Kinder 7,70 € (für Kinder und Jugendliche gibt es statt Whiskey Limonade)

⭐ Phoenix Park A/B 3–5

Der Phoenix Park liegt rund 3 km westlich des Stadtzentrums. Mit seinen 808 ha Fläche ist er einer der größten ummauerten Parks in Europa, durchzogen wird er von Straßen, Wander- und Radfahrwegen sowie Rudeln von Damwild. Der irische Präsident hat seinen Amtssitz hier, der amerikanische Botschafter seine Residenz und

Auch wenn die Old Jameson Distillery (▶ S. 87) nicht mehr in Betrieb ist, erfährt man bei einer Führung alles Wissenswerte über das Nationalgetränk Whiskey.

die irische Polizei ihre Zentrale. Auch Dublin Zoo und Ashtown Castle sind hier beheimatet. Unter dem Papstkreuz las Johannes Paul II. 1979 vor 1,2 Millionen Menschen eine Messe. Das vom Liffey aus sichtbare Wahrzeichen ist das Wellington Monument, ein 62 m hoher Obelisk, der 1817 errichtet wurde.

⑩ Phoenix Park Visitor Centre 🚶 A 4/5

Im Besucherzentrum erfährt man vieles über die Geschichte und das »Wildlife« im Park, das restaurierte Ashtown Castle, ein mittelalterlicher Wohnturm, ist neben dem Besucherzentrum zu bewundern.

🕐 Im Visitor Centre erhält man die Tickets für eine Gratis-Führung im Áras an Uachtaráin, dem Amtssitz des Präsidenten, bei dem man auch das Arbeitszimmer des Präsidenten sehen kann. Der Besuch ist nur samstags stündlich von 10.30 bis 16.30 Uhr möglich, unter Tel. 01677 0095 kann man reservieren.
Dublin 8 | Phoenix Park | Bus: Parkgate Street | www.phoenixpark.ie/visitor centre | April–Sept. tgl. 10–18, Jan.–März Mi–So 9.30–17.30 Uhr | Eintritt frei

⭐ ⑧ The Spire E 5

Im Volksmund trägt die längste Skulptur der Welt den Namen »Spike« oder »Stiletto in the Ghetto«, aber ohne Zweifel ist »The Spire« (die Nadel) seit 2001 das Wahrzeichen Dublin. Mit etwas Verspätung, denn ursprünglich hätte die Nadel zur Jahrtausendwende fertiggestellt werden sollen. Offiziell heißt sie übrigens »Monument of Light« (Denkmal des Lichts) und ist 123 m hoch, aus Edelstahl gefertigt und nachts beleuchtet. »The Spire« steht an der Stelle der 1966 von der IRA gesprengten »Nelson's Pillar«, geplant und entworfen wurde die Skulptur vom Architekturbüro Ian Ritchie Architects. Die Nadel ist 126 t schwer und hat an ihrem Fuß einen Durchmesser von 3 m, an der Spitze von 15 cm. Durch Dämpfer im Inneren wird die Schwankung an der Spitze auf 1,50 m begrenzt.
Dublin 1 | O'Connell St. | LUAS: Four Courts

MUSEEN UND GALERIEN
⑪ Dublin Writers Museum
▶ S. 53, 109
⑫ National Leprechaun Museum
▶ S. 112
⑬ National Museum of Ireland: Decorative Arts & History ▶ S. 112
⑭ Hillsboro Gallery ▶ S. 115
⭐ ⑨ Hugh Lane Gallery ▶ S. 110

ESSEN UND TRINKEN
RESTAURANTS
⑮ Winding Stair E 5
Ein Gedicht – Mit seinen vielen Bücherregalen (im angeschlossenen Bookshop im Parterre), dem alten Aufzug und seinem großzügigen hellen Ambiente mit Blick auf den Fluss ist das nach einem Gedicht von Yeats benannte Restaurant auch ein Augenschmaus. Begeisternd ist auch die Speisekarte, bei der nur die besten heimischen Zutaten für Köstlichkeiten wie »roast pork«, geröstetes Schweinefilet mit weißem Kohl, verwendet werden. Viele Weine auch glasweise.
Dublin 1 | 40 Lower Ormond Quay | LUAS: Jervis | Tel. 01 87 27 3 20 | www. winding-stair.com | tgl. 12–17, 17.30– 22.30 Uhr | €€

CAFÉS

🟊9 Hugh Lane Café  E 4

Ein helles, lichtdurchflutetes Café, in dem es nicht nur Kaffee, sondern auch Quiches und Salate gibt. Das »Lunch Menu« lohnt alleine schon den Besuch.

Dublin 1 | Hugh Lane Gallery, Parnell Square North | LUAS: Abbey Street | www.hughlane.ie | Di–Do 10–18; Fr, Sa 10–17, So 11–17 Uhr | €

PUBS UND BARS

16 Black Sheep Pub ▶ S. 33

17 Cobblestone C/D 5

Traditional Music, aber auch Folk stehen hier jeden Abend auf dem Programm. Tolle Atmosphäre, gutes Bier.

Smithfield | 77 North King St. | LUAS: Smithfield | www.cobblestonepub.ie | Öffnungszeiten variieren

18 Dice Bar C 5

Zwar nicht nach jedermanns Geschmack, aber einen Besuch wert: Dunkle Einrichtung und gute Musik verschiedener Stile locken vor allem Dubliner an. Auch Livekonzerte.

Dublin 7 | 79 Queen St. | LUAS: Benburb Street | tgl. ab 15 Uhr

19 Mulligan's Pub 🚩 C 5

Schon mal irische Austern mit einem Glas rauchigen Whiskeys probiert? Oder ein Dubliner Weizenbier? Dann sind Sie bei L. Mulligan Grocer richtig (nicht zu verwechseln mit Mulligan's Pub in Temple Bar). Die junge Crew kocht kreativ und kostengünstig auf.

Dublin 7 | 18 Stoneybatter | LUAS: Smithfield | www.lmulligangrocer.com | Küche Mo–Do ab 16, Fr–So ab 12.30 Uhr | €€

EINKAUFEN

BEKLEIDUNG

20 Jervis Centre D 5

Outlets renommierter Bekleidungsmarken machen dieses Shopping-Center zu einem Fixpunkt im Zentrum.

Dublin 1 | 125 Upper Abbey St. | LUAS: Jervis | www.jervis.ie

WHISKEY

21 Old Jameson Distillery ▶ S. 41

KULTUR UND UNTERHALTUNG

OPER, BALLETT UND KONZERTE

22 Ambassador E 4

Mit seiner Vergangenheit als Theater ist das Ambassador heute einer der schönsten Orte für Rockkonzerte.

Dublin 1 | O'Connell St. | LUAS: Abbey Street | www.ambassadortheater.com | unterschiedliche Öffnungszeiten

THEATER

23 Abbey ▶ S. 43
24 Gate ▶ S. 43

KONZERTE

25 12 Rutland Place 🚩 E 4

Brandneues Lokal an der Northside, das sich Free Jazz und improvisierter Musik widmet.

Dublin 1 | 12 Rutland Place | www.facebook.com/12Rutland

KINO

26 Savoy Cinema E 4

Dublins ältestes Kino spielt zwar nach der Modernisierung nur mehr Blockbuster, liegt aber immer noch ideal für einen gepflegten Kinoabend.

Dublin 1 | 17 Upper O'Connell St. | LUAS: Abbey Street | www.savoy.ie | Kartenvorverkauf tgl. 14–21 Uhr

DIE DOCKLANDS, DER GRAND CANAL UND DER SÜDEN

*Der Grand Canal, eine der wichtigsten Wasserstraßen,
die Irland durchschneidet, fließt von seiner Mündung in den
Liffey halbkreisförmig um den Süden der Stadt und
mündet nach ca. 130 km und 52 Schleusen in den Shannon.*

Der Grand Canal wurde ebenso wie der Royal Canal vor mehr als 200 Jahren erbaut, um den Gütertransport zu erleichtern. Wirtschaftlich hat sich das allerdings nie rentiert und so gab es Mitte des 20. Jh. bereits Pläne, die Kanäle zuzuschütten. Erst durch die touristische Nutzung der Wasserwege verloren diese Absichten an Bedeutung: Zusammen mit dem Fluss Shannon, den Erne-Seen und dem Shannon-Erne-Kanal bildet der Grand Canal mit über 800 km Länge das größte Hausbootnetz Europas.
Der Fernwanderweg Grand-Canal-Way führt nach Shannon Harbour. Vom Waterways Visitor Centre beim Dubliner Hafen führt ein Spaziergang (ca. 30 Min.) entlang dem gepflegtesten Abschnitt des Grand Canal.

◀ Vom Hunger gezeichnet: Die Bronzeplastiken erinnern an »The Great Famine« (▶ S. 92).

Der Kanal ist von schön renovierten georgianischen Wohngebäuden gesäumt; Schleusen und elegante Brücken machen ebenfalls einen Teil seines Reizes aus.

HOFFNUNGSTRÄGER DOCKLANDS

Der Grand Canal beginnt in den Grand Canal Docks im Osten der City. Daran schließen sich die Dubliner Docklands an: Sie stellten im wirtschaftlichen Boom der 1990er-Jahre ein wichtiges Gebiet für Stadtentwickler, Bauherren und Politiker dar: Zwischen 1997 und 2013 wurden hier mehr als 10 Mrd. € investiert. Moderne Architektur in Brückenbauten, Hotels oder im neuen Kongresszentrum bildet einen spannenden Kontrast zum georgianischen Stadtzentrum. Neben zahlreichen Bürobauten entstanden auch viele Wohnungen, zum Teil im hochpreisigen Segment. Und obwohl die Wirtschaft durch die Krise der letzten Jahre zurzeit etwas stockt, sind weitere Bauten in den Docklands bereits in Planung. Lediglich der U2-Tower am River Dodder, der das höchste Gebäude Irlands werden sollte, harrt noch seiner Realisierung.

SEHENSWERTES

❶ Aviva Stadium   G 6

An der Stelle des Aviva Stadium stand bis vor wenigen Jahren das Lansdowne Road Stadium: Das 1872 erbaute Stadion galt als ältestes der Welt. Das neue Aviva Stadium ist heute die Heimat von Irish Rugby und Fußball und bietet 51 700 überdachte Sitzplätze. Auf einer Tour durch das Stadion erfährt man, was hinter der Bühne passiert, wenn Irlands Fußball- oder Rugby-Nationalmannschaft spielt. In der Arena finden auch Rock- und Popkonzerte statt.

Dublin 4 | 62 Lansdowne Rd. | DART: Grand Canal Dock Station | Tel. 0 12 38

23 00 | www.avivastadium.ie | Stadion-Touren Feb.–Okt. 10–16, Nov.–Jan. 10–15 Uhr, immer zur vollen Stunde | Eintritt 10 €, Kinder 5 €

❷ Convention Centre Dublin   G 5

»The Pint« wird es auch gerne genannt, weil die Glaskonstruktion an seiner Fassade an ein Bierglas erinnert: Der Glasbetonbau des Convention Centres an den Ufern des Liffey ist das erste kohlenstoffneutrale Kongresszentrum der Welt. Im größten Saal, dem Forum, fänden zehn Tennisplätze Platz.

Docklands, Dublin 1 | North Wall Quay | DART: Connolly | www.theccd.ie

Wollen Sie's wagen?

Lust darauf, die Regeln von Gaelic Football oder Hurling zu lernen und auch mal selbst den Schläger in die Hand zu nehmen? Die Gaelic Athletic Association (GAA) bietet praktische Einführungen in beide Sportarten an: In einem Schnellkursus erfahren Sie die Regeln, wie man mit dem Ball bzw. mit dem Schläger richtig trippelt und können – mit etwas Glück – auf dem Platz auch gleich ein Goal schießen. Übertrieben sportlich muss man nicht sein, nur etwas Ballgefühl sollte man mitbringen.
Mobil: 08 72 31 77 94 |
www.experiencegaelicgames.com

③ Custom House | E 5

Das imposante klassizistische Gebäude dominiert das Nordufer des Liffey östlich des Stadtzentrums. In diesem Gebäude aus dem 18. Jh. war einst das Zollamt des Dubliner Hafens untergebracht, heute haben das Umweltministerium und die Kommunalverwaltung hier ihren Sitz. Besuchen kann man nur einen kleinen Teil des Areals (im Visitor-Centre neben dem Uhrturm), aber man erfährt in Schautafeln und einem Video einiges über den Bau und seinen Architekten, James Gandon. Alle Fassaden zieren Wappen und Skulpturen, Letztere symbolisieren Irlands Flüsse.
Docklands, Dublin 1 | Custom House Quay | LUAS: Abbey Street | Tel. 0 18 88 25 38 | Mitte März–Nov. Mo–Fr 10–12.30, 14–17, Sa, So 14–17, Dez.–Mitte März Mi–Fr 10–12.30, 14–17 Uhr | Eintritt 1,50 €

④ The Famine | F 5

Der Dubliner Bildhauer Rowan Gillespie schuf 1997 diese Bronzeplastiken am Custom House Quay, die an die Hungersnot von 1840 bis 1845 erinnern.
Docklands, Dublin 1 | Custom House Quay | DART: Grand Canal Station

⑤ George's Dock | F 5

Das ehemalige Hafenbecken und die Sherzer Bridge wurden Anfang des 20. Jh. erbaut. Auf der Plattform im George's Dock finden Konzerte und Events statt, auch ein hübscher Weihnachtsmarkt wird hier abgehalten.
Docklands, Dublin 1 | George's Dock | DART: Connolly

⑥ Grand Canal Square | F 5/G 6

Zwischen Grand Canal Dock und dem Bord Gáis Energy Theatre (dem ehemaligen Grand Canal Theatre, ▶ S. 95) gelegen, ist der 1 ha große Platz das Zentrum der Docklands. Sehenswert sind die Installationen der amerikanischen Landschaftsarchitektin Martha Schwartz.
Grand Canal Square | DART: Grand Canal Station

⑦ Jeanie Johnston Tall Ship | F 5

Bei einer Tour auf einem nachgebauten »Famine Ship«, das 2003 den Ozean überquerte, kann man nachvollziehen, wie es während der »Großen Hungersnot« auf einem Segelschiff zuging. »Famine Ship« wurden auch schwimmende Särge genannt, weil so viele Passagiere während der Überfahrt starben. Die Original-»Jeanie Johnston« war eine Ausnahme: Sie verlor auf 16 Überfahrten keinen einzigen Passagier.

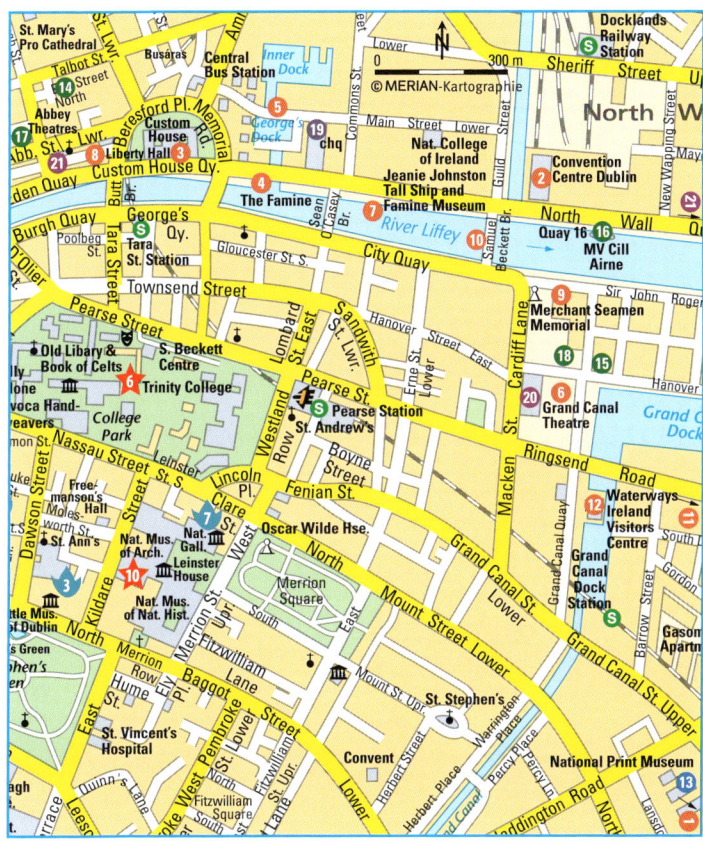

Docklands, Dublin 1 | Custom House Quay | LUAS: Busárus, DART: Tara Street | www.jeaniejohnston.ie | Sa, So 10.30–17 Uhr | Eintritt 5 €

8 Liberty Hall ⚓ E 5

Die Liberty Hall spielte eine wichtige Rolle in der irischen Unabhängigkeitsbewegung: Sie war Sitz der Transport and General Workers Union, die Druckerei der Zeitung »Irish Worker« und die Waffenschmiede des Osteraufstan-

des 1916. Das Originalgebäude wurde in den 1960er-Jahren abgerissen, heute erhebt sich an seiner Stelle Dublins höchster Bau.

Docklands, Dublin 1 | 33 Eden Quay | LUAS: Busárus, DART: Tara Street

9 Merchant Seamen Memorial ⚓ G 5

Den Seefahrern, die auf Handelsschiffen ihr Leben ließen, ist diese Statue gewidmet.

Docklands, Dublin 2 | Sir John Rogerson's Quay | DART: Connolly

⑩ Samuel Beckett Bridge ⚑ F 5

Einem der größten Dichter Irlands wurde diese schwungvolle Schrägseil-brücke über die Liffey gewidmet. Sie ist 120 m lang und verbindet die Macken Street im Süden des Flusses mit den Docklands im Norden.

Docklands, Dublin 1 | Guild Street | DART: Connolly

⑪ Shelbourne Park Greyhound Stadium ⚑ G 6

Einer der wichtigsten Schauplätze in Irland für Windhundrennen, wettfana-tische Iren schätzen diesen »Sport« ähnlich hoch wie Pferderennen.

Docklands, Dublin 4 | Lott's Road | DART: Grand Canal Station | Tel. 0 61 44 80 39 | www.igb.ie

⑫ Waterways Ireland Visitors Centre ⚑ G 6

Bekannt als die »Box on the Docks« liegt dieses Besucherzentrum am Grand Canal Quay. Hier kann man sich über die irischen Wasserwege und über die Geschichte des Royal und des Grand Canal informieren. Vom Dach hat man einen schönen Ausblick auf die alten Speicher des Hafens wie die Bolands Four Mills und die Dock Mill aus dem 18. und 19. Jh.

Docklands, Dublin 2 | 2 Grand Canal Quay | DART: Grand Canal Station | Tel. 0 16 77 75 14 | www.waterways irelandvisitorscentre.org | April–Sept. Mi–So 10–18 Uhr

MUSEEN UND GALERIEN

⑬ National Print Museum ▸ S. 112

ESSEN UND TRINKEN

RESTAURANTS

⑭ 101 Talbot ⚑ E 5

Vor dem Theater – Klassiker mit ei-nem leichten Hang zu vegetarischen Gerichten, nahe der Theaterbühnen der Stadt. Probieren Sie das Perlhuhn mit Gemüse und Linsen!

Docklands, Dublin 1 | 101 Talbot St. | LUAS: Abbey Street | Tel. 0 18 74 50 11 | www.101talbot.ie | Di–Sa 12–15, 17–23 Uhr | €€

⑮ herbstreet ⚑ G 5

Nachhaltig – Burger, Salate, Sandwi-ches: regionale Zutaten und europäische Weine, herbstreet will seinen CO_2-Fuß-abdruck möglichst klein halten.

Docklands, Dublin 2 | Hanover Quay | LUAS: Docklands | Tel. 0 16 75 38 75 | www.herbstreet.ie | Frühstück Mo–Fr 8.30–11.30, Mittagessen Mo–Fr 12, Brunch Sa, So 10–16, Abendessen ab 17 Uhr | €

⑯ Quay 16 ⚑ G 5

Luxuskombüse – Bar, Bistro und feines Restaurant in einem findet man auf der MV »Cill Airne«, einem ehemaligen Passagierschiff, das permanent am North Wall Quay liegt.

Docklands | MV »Cill Airne«, North Wall Quay | LUAS: Docklands | Tel. 0 18 17 87 60 | www.mvcillairne.com | Mo–Fr 12–15, 18–22, Sa 18–22 Uhr | €€€

PUBS UND BARS

⑰ Flowing Tide ⚑ E 5

Direkt gegenüber dem Abbey Theatre wird dieses alteingesessene Pub gerne von Theatergängern frequentiert.

Dublin 1 | 9 Lower Abbey St. | LUAS: Abbey Street | Tel. 0 18 74 41 08 | Öffnungszeiten variieren

18 The Marker Rooftop Lounge 🚩 G 5

Cocktailbar auf dem Dach der Designerherberge The Marker: In den Farben inspiriert vom Grau der Felsen des Burren (einer einzigartigen Karstlandschaft im Westen Irlands) und mit Blick auf die Dublin und Wicklow Mountains einer der besten neuen Plätze, um Bruschette oder einen Cocktail zu genießen. Probieren Sie den Blood Orange Mojito!

Docklands, Dublin 2 | Grand Canal Square | LUAS: Docklands | www.the markerhoteldublin.com | Mi–Fr 17–23, Sa, So 13–23 Uhr | €€

EINKAUFEN

19 The chq Building 🚩 F 5

Moderne Shopping Mall. Hier kann man Design- und Modeschnäppchen ergattern oder den großen und kleinen Hunger bei Nudeln, asiatischer Küche oder amerikanischen Muffins stillen. Im Advent Schauplatz eines Weihnachtsmarktes.

Docklands, Dublin 1 | LUAS: George's Dock | www.chq.ie | Mo–Fr 7–19, Sa 10–18, So 12–18 Uhr

KULTUR UND UNTERHALTUNG
OPER, KONZERT, TANZ, THEATER

20 Grand Canal Theatre (Bord Gáis Energy Theatre) 🚩 G 5

Ballett, Oper, Musicals: Daniel Libeskind kreierte dieses Auditorium, das 2000 Personen Platz bietet.

Docklands, Dublin 2 | Grand Canal Square | DART: Pearse St. | Tel. 0 16 77 79 99 | www.bordgaisenergytheatre.ie

21 O2 ▶ S. 45

Köstliche Drinks und ein nicht minder berauschender Panoramablick locken viele Gäste in die Marker Rooftop Lounge (▶ S. 95) der gleichnamigen Nobelherberge.

NICHT ZU VERGESSEN!

Es ist nicht nur ein wirtschaftlicher und politischer Begriff: Greater Dublin Area, der Großraum Dublin, ist für Touristen interessant, die sich nicht nur auf den Besuch von Temple Bar, Trinity College und das Guinness Storehouse beschränken wollen.

Die nördlichen und nordwestlichen Bezirke der Stadt sind weitgehend von Backsteinsiedlungen und Wohnbauten dominiert, in Richtung Flughafen gehen sie über in Gewerbegebiete und wenig attraktive Vororte. Ausnahmen wie Blanchardstown bestätigen die Regel.

FISCHERDÖRFER, HÜGEL, MONUMENTE

Lohnenswert ist hingegen eine Fahrt an der Küste. Vom Dubliner Hafen entlang der Dublin Bay liegen hübsche ehemalige Fischerdörfer, Naherholungsgebiete für die Städter. Ob man in den Boutiquen von Malahide shoppt, Meeresfrüchte in einem Restaurant über dem Hafen von Howth genießt oder auf einem der Küstenwanderwege sich an der Natur erfreut: Der Nordosten von Dublin stellt eine gute Alternative zum Trubel rund um die Sehenswürdigkeiten der Dubliner City dar.

◀ Die Kirche St. Kevin's Kitchen in Glendalough (▶ S. 97) hat ihren Ursprung im 12. Jh.

Howth ist ein pittoreskes Küstendorf mit vielen Fischrestaurants. Vom
Hafen aus stechen allmorgendlich Fangschiffe in See, um in den noch
reichen Gewässern der Ostküste zu fischen. Und vom Howth Head bietet
sich ein herrlicher Blick auf die Bucht von Dublin, die Wicklow Mountains im Süden und Boyne Valley im Norden. Von Rhododendren gesäumt sind die Ruinen von Howth Castle, das im 15. Jh. erbaut wurde.
Die Küstenstadt Dalkey im Südosten Dublins gilt gar als das Beverly Hills
Irlands: Hier leben u. a. U2-Sänger Bono, die Rocklegende Van Morrison
und der Filmemacher Neil Jordan. Dún Laoghaire – gesprochen: Dun
Liery – ist ein wichtiger Fährhafen (mit einer Verbindung nach Wales)
und ein Dublin-Fixpunkt für James-Joyce-Anhänger: In einem ehemaligen Wachturm an der Küste, in dem heute ein kleines Joyce-Museum
untergebracht ist, lässt der Autor in »Ulysses« die Tagesreise seines Ro-
manhelden Stephen Dedalus beginnen.
Auch einige der wichtigsten Sehenswürdigkeiten Irlands findet man gerade mal eine Autostunde von Dublin entfernt: Seien es die prähistorischen Monumente von Stonehenge oder Knowth, sei es der Hügel der
Hochkönige in Tara, seien es die Mönchssiedlungen Glendalough oder
Monasterboice, die Burgen und Schlösser von Trim oder Slane Castle.
Letzteres ist übrigens Schauplatz eines sommerlichen Open-Air-Festi-
vals, bei dem schon U2, die Foo Fighters oder Madonna aufgetreten sind.
Im neogotischen Schloss, das auch im Rahmen einer Führung zu besichtigen ist (www.slanecastle.ie), kann man ein »Whiskey Tasting« buchen,
bei dem man u. a. den eigenen Slane Castle Irish Whiskey kosten darf.

GRANDIOSE NATUR

Rund um Dublin findet man nicht nur diese Zeugen der langen Geschichte Irlands, sondern auch einzigartige Küstenlandschaften oder unter Naturschutz stehende Inseln und Berge, die zwar nicht an Höhe, aber
zumindest an Charakter einiges zu bieten haben: Weitwanderwege
durchziehen im Süden die Dublin Mountains ebenso wie noch weiter
südlich die Wicklow Mountains mit ihrem Nationalpark, den versteckten
Tälern und Seen.
Diese Ziele eignen sich entweder als Halbtages- oder Tagesausflüge von
Dublin aus, oder man übernachtet in gemütlichen B&Bs oder schmucken
kleinen Hotels, die man inzwischen (fast) in jedem Dorf findet.

DUBLINS NORDEN UND GLASNEVIN

SEHENSWERTES

Casino Marino G 2

Wahrscheinlich eines der schönsten neoklassizistischen Gebäude in Europa. Ursprünglich ein Lusthaus für den Earl of Charlemont, verteilen sich hier 16 Räume mit Stuckaturen und Einlegeböden auf drei Ebenen. Eintritt nur im Rahmen einer geführten Tour. Schuhe ausziehen (zum Schutz der Böden) nicht vergessen!

Dublin 3 | Cherrymount Crescent, Off Malahide Rd., Marino | DART: Clontarf | www.heritageireland.com | Mitte März–Okt. 10–17 Uhr | Eintritt 3 €, Kinder 1 €

Botanischer Garten in Glasnevin 5

15 000 Pflanzenarten aus aller Welt sorgen für eine beispiellose Vielfalt der Vegetation, die von Moosen und Flechten über Fels- und Rosengärten bis zu tropischen Gewächen reicht. Eineinhalb Stunden dauert ein Spaziergang zwischen Farnen, Palmen und Rosen (▶ S. 14).

Glasnevin Cemetery C/D 2

Die Liste der hier begrabenen Persönlichkeiten liest sich wie ein Who's Who der irischen Geschichte: Daniel O'Connell, Charles Stewart Parnell oder Michael Collins liegen hier in mehr oder minder pompösen Gräbern unter 1,5 Millionen anderen Dublinern. Ursprünglich wurde der Friedhof 1832 von Daniel O'Connell gegründet, um Iren aller Konfessionen eine letzte Ru-

hestätte zu geben. Ein kleines Museum informiert über die Geschichte des Friedhofs (Mo–Fr 10–17, Sa, So 11–18 Uhr, Eintritt 6 €).

Glasnevin | Finglas Rd. | Bus: Finglas Road | www.glasnevin-cemetery.ie Eintritt frei, Führungen tgl. 11.30, 12.30, 14.30 Uhr | 5 €

Royal Canal A 2–F 5

Der Royal Canal umfließt das Stadtzentrum halbkreisförmig, er beginnt am Liffey im Osten der Stadt und endet nach 146 km und 47 Schleusen nördlich des Lough Ree im Shannon. Gemeinsam mit dem südlich des Liffey beginnenden Grand Canal wurde er Ende des 18. Jh. als Transportweg gebaut. 1817 befuhr das erste Frachtschiff den Kanal. Die Entwicklung der Eisenbahn im 19. Jh. und später die Motorisierung und der Straßenbau führten ihn allerdings bald in die Bedeutungslosigkeit, 1961 wurde er für die Berufsschifffahrt geschlossen und sollte zugeschüttet werden. Einer Bürgerinitiative in den 1970er-Jahren ist es zu verdanken, dass der Kanal erhalten blieb. Heute ist er im Besitz der Waterways Ireland – einer staatlichen Gesellschaft –, die ihn bewirtschaftet und pflegt. Er wird vor allem für Hausbootfahrten benutzt. Auch der Fernwanderweg Royal Canal Way führt am Ufer entlang nach Mullingar. In Dublin passiert der Royal Canal u. a. das Croke Park Stadium, Irlands größtes Sportstadion.

KULTUR UND UNTERHALTUNG
OPER, KONZERT, TANZ, THEATER

Helix E 1

Theater- und Musikbühne auf dem Nordcampus der Dublin City University: Hier waren schon internationale Theaterkompanien und Musiker wie Van Morisson zu Gast.

Glasnevin | Dublin City University, Collins Avenue | Bus: Dublin City University | www.thehelix.ie | Kartenvorverkauf Mo–Sa 10–18 Uhr

BALBRIGGAN

SEHENSWERTES

Ardgillan Castle nordöstl. G 1

Balbriggan ist nicht nur eine aktive Hafenstadt zwischen Dublin und Drogheda, die mit schönen Sandstränden punktet, hier liegt auch Ardgillan Castle. Seine Umgebung ist berühmt für die herrlichen Ausblicke auf die Bucht von Drogheda. Der Park besteht aus 50 ha Weideland, Wald und Gärten und ist von Wanderwegen durchzogen.

Besichtigen Sie auch das im 18. Jh. fertiggestellte Schloss mit seinen Wohnräumen im georgianischen/viktorianischen Stil.

County Dublin | Tel. 0 18 49 22 12 | www.ardgillancastle.ie | Park: Nov.–Jan. 9–17, Feb.–März 9–18, April 9–19, Mai 9–20, Juni–Aug. 10–21, Sept. 10–20, Okt. 10–19 Uhr | Gärten: tgl. 9.30–16.30 (Winter), 9.30–18 Uhr (Sommer) | Wohnräume: Feb.–Okt. tgl. 11–18, Nov.–Jan. tgl. 10–16.15 Uhr | Eintritt frei

BALLSBRIDGE

ESSEN UND TRINKEN

French Paradox G 7

Eine solche Auswahl an – vor allem französischen – Weinen findet man selten, dazu gibt's Käse, Hors d'œuvres oder ein opulentes Hauptgericht.

Ardgillan Castle (▶ S. 99) in Balbriggan besticht durch seine herrliche Lage am Meer, aber auch durch den weitläufigen Park und die prächtigen Ziergärten.

53 Shelbourne Rd. | DART: Lansdowne Road | Tel. 0 16 60 40 68 | www.the frenchparadox | Mo–Fr 12–15, 18–22.30, Sa 12–22.30 Uhr | €–€€€

BLANCHARDSTOWN

SEHENSWERTES

Luttrellstown Castle und Anna Livia Mills 🌊 nordwestl. A 1

Drei Wasserstraßen durchziehen Blanchardstown im Nordwesten: Tolka, Royal Canal und Liffey, allesamt eingerahmt von einer sanft-hügeligen Landschaft. Nahe Blanchardstown liegen Luttrellstown Castle, das lange der Guinness-Familie gehörte, und die Anna Livia Mills, einst im Besitz von Antarktis-Forscher Ernest Shackleton.

KULTUR UND UNTERHALTUNG

THEATER

Draíocht 🌊 nordwestl. A 1

Theater mit Galerie, einer Bar und einem Café. Breites Spektrum: von Comedy bis zu zeitgenössischem Theater. Blanchardstown Centre | Bus: Blanchardstown Centre | www.draiocht.ie | Ticketverkauf: Mo–Sa 10–18 Uhr

BRAY

SEHENSWERTES

National Sealife Centre 👨‍👧 🌊 südöstl. G 9

Hier gibt es Informationen zur Unterwasserwelt – natürlich mit Schwerpunkt auf den irischen Gewässern. Zu sehen sind u. a. Haie und Oktopusse. Co. Wicklow | Strand Road | DART: Bray | www.visitsealife.com | Mo–Fr 11–17, Sa, So 10–18 Uhr | Eintritt 9 €, Kinder 6,50 €

CLONSHAUGH BUSINESS & TECHNOLOGY PARK

EINKAUFEN

Butler's Chocolate Experience
▶ S. 40

DALKEY

SEHENSWERTES

Dalkey Castle and Heritage 👨‍👧 🌊 südöstl. G 9

Dem Leben in Zeiten der Tudors widmet sich eine Ausstellung in Dalkey Castle. Wenn ein »barber« Ihnen die Zähne zieht oder Sie Ihre Kraft am Langbogen messen, können Sie erproben, ob Sie für das Leben im späten Mittelalter geeignet gewesen wären. Eine »Living History Live Performance« beginnt halbstündlich. Alle vorgestellten Berufe waren zwischen dem 15. und 16. Jh. heimisch. Castle St. | DART: Dalkey | Tel. 0 12 55 83 66 | www.dalkeycastle.com | Jan.–März, Okt.–Dez. Mo–Fr 10–17, Sa, So 11–17, April, Mai, Sept. Mo–Fr 10–17.30, Sa, So 11–17.30, Juni–Aug. Mo–Fr 10–18, Sa, So 11–18 Uhr | Eintritt: 7,95 €, Kinder 5,95 €

DOLLYMOUNT

Maritimer Genuss in Dollymount 6

Nicht weit von hier, in Clontarf, besiegte der keltische König Brian Ború die Wikinger. Heute kommen im Sommer die Kitesurfer und Badegäste nach Dollymount und nehmen Meer, Strand und Dünen in Beschlag (▶ S. 14).

Ein beliebter Laufsteg für Einheimische und Ausflügler ist die Hafenpromenade am East Pier im Küstenstädtchen Dún Laoghaire (▶ S. 102).

DONABATE

SEHENSWERTES
Newbridge Demesne 🏃
🏊 nordöstl. G 1

In einem 350 ha großen Park gelegen, zeigt dieses Herrenhaus aus dem 19. Jh. einige der schönsten Beispiele von (originalen) georgianischen Interieurs in Irland. Auch im Außenbereich sind einige interessante Dinge zu sehen: ein perfekt restaurierter Hof, umgeben von einer kleinen Molkerei, einem Landarbeiterhaus, einer Zimmerei und einer Schmiede, allesamt aus dem 19. Jh.

DART: Donabate | Tel. 0 18 43 65 34 | www.newbridgehouseandfarm.com | Okt.–März Di–So 11–16, April–Sept. tgl. 10–17 Uhr | Eintritt 5 €, Kinder 4 €

DUNDRUM

EINKAUFEN
Dundrum Town Centre 🏃 **🏊 südl. F 9**

Will man nicht unbedingt in eine anonyme Shopping Mall und hat auch in Dublin schon alle Einkaufsstraßen durch, dann ist Dundrum – 15 Min. südlich von Dublin – eine gute Wahl. Hier kann man zwischen Modegeschäften flanieren, Souvenirs erstehen oder einfach bei einem Cappuccino oder einem Pint relaxen.

Sandyford Road | LUAS: Balally | www.dundrum.ie

DÚN LAOGHAIRE

SEHENSWERTES

Dún Laoghaire East Pier
📖 südöstl. G 9

1,3 Millionen Menschen marschieren jedes Jahr über die Hafenpromenade des Dún Laoghaire East Pier, um den Blick über Dalkey Island und die Bucht von Dublin schweifen zu lassen. Rund 3 km lang ist die Strecke hin und zurück. Das Eis danach hat man sich redlich verdient. Es gibt Fährverbindungen nach Wales.

DART: Dún Laoghaire

MUSEEN UND GALERIEN

Shackleton Endurance Exhibition
📖 südöstl. G 9

Neben Fotografien und Videos zu Ernest Shackletons Antarktis-Durchquerung 1914–1917 findet man im Fährboot-Terminal von Dún Laoghaire auch einen Nachbau des Rettungsboots »James Caird«.

Dún Laoghaire | Harbour | DART: Dún Laoghaire | www.shackletonexhibition.com | tgl. 11–17 Uhr | Eintritt 5 €, Kinder 3 €

KULTUR UND UNTERHALTUNG

TANZ

Dance Theatre of Ireland
📖 südöstl. G 9

Innovative Tanzkunst und vorwiegend eigenes Material bringt die Truppe von Robert Connor und Loretta Yurick auf

In Johnny Fox's Pub (▶ S. 103) in den Dublin Mountains, der höchstgelegenen Kneipe Irlands, wird Tradition gepflegt: Musik und Tanz, Bier und irische Küche.

die Bühne: Die innovative Tanzkunst ist einen Ausflug an die Küste wert.
Bloomfields Centre, Lower Georges St. | DART: Dún Laoghaire | Tel. 0 12 80 34 55 | www.dancetheatreireland.com

GLENCULLEN

ESSEN UND TRINKEN

Johnny Fox's Pub ⚡ südl. F 9

»Pubfood« der besten Sorte gibt es in einem Pub in den Dublin Mountains, das sich selbst gerne als das höchste in Irland bezeichnet. Hoch her geht es besonders bei den »Hooley Nights« bei Traditional Music und irischem Tanz.
County Dublin | Tel. 0 12 95 56 47 | www.jfp.ie | So–Mi 12.30–21, Do–Sa 12.30–21.30 Uhr | €

HOWTH

SEHENSWERTES

Küstenwanderungen 🚶 ⚡ östl. G 3

Der Seeort Howth ist auch ein idealer Ausgangspunkt für einfache und leicht zu bewältigende Rundwanderungen. Der »Lower Cliff Loop« führt entlang der Küste und dauert rund 1,5 Std., ebenso lang ist der »Tramline Loop«, der ebenfalls die Küste entlangführt. Anstrengender hingegen ist der »Bog of Frogs Loop«, die Runde dauert 3 Std.
DART: Howth

MUSEEN UND GALERIEN

National Transport Museum ▶ S. 112

ESSEN UND TRINKEN

RESTAURANTS

The House ⚡ östl. G 3

An der Hauptstraße wird traditionell und kreativ zugleich aufgekocht. Pro-

bieren Sie das »Wild Wicklow Venison Stew« mit Hirschfleisch aus den Wicklow Mountains!
4 Main St. | DART: Howth | Tel. 0 18 39 63 88 | www.thehouse.ie | Mo–Fr 9–15, Sa So 11.30–15, 18–23 Uhr | €€

PUBS UND BARS

Wrights Findlater ⚡ östl. G 3

Mit dem Blick über die Bucht von Howth hat man hier die ideale Location für einen Sommerabend am Meer gefunden: Im Parterre gibt es exzellenten »Pub Grub« – meistens »seafood«. Und ab 18 Uhr ist die Sky Bar im ersten Stock geöffnet, in der man bei einem Cocktail die herrliche Aussicht übers Meer genießt.
Harbour Rd., Findlater House | DART: Howth | Tel. 0 18 32 44 88 | www.find later.ie | tgl. ab 12 Uhr, Sky Bar tgl. bis 2.30 Uhr

IRELAND'S EYE

SEHENSWERTES

Inseltour 🚶 ⚡ östl. G 3

Rund 1,6 km nördlich vom Hafen von Howth liegt Ireland's Eye, eine kleine unbewohnte und felsige Insel, die man von Howth aus mit dem Boot erreichen kann. Hier findet man noch die Ruinen einer Kirche aus dem 8. Jh. und einen Wachturm. Zur Tierwelt, die inzwischen das Eiland erobert hat, gehören Seehunde und Papageientaucher.
🕐 Doyle & Sons fährt in den Sommermonaten an Wochenenden vom Ostpier von Howth Harbour mit einem Boot auf die Insel: Abfahrtszeiten unter Tel. 0 18 31 42 00, 15 € hin und zurück. Rechtzeitig buchen!
DART: Howth

KELLS

SEHENSWERTES

Kloster und Friedhof nordwestl. A 1

Hier gründete der hl. Columban (altirisch: Columcille), der auch auf der Halbinsel Donegal seine Spuren hinterlassen und das Christentum in Schottland verbreitet hat, im 6. Jh. ein Kloster, von dem allerdings nichts mehr erhalten ist: St. Columcille's House und der Rundturm am Friedhof stammen erst aus dem 9. Jh. Am Friedhof sind besonders drei kunstvolle Hochkreuze sehenswert, von einem vierten ist leider nur mehr ein Stumpf erhalten: Das West Cross zeigt u. a. Noahs Arche und die Taufe Jesu, das East Cross Szenen der Kreuzigung. Das schönste aber ist das Cross of Patrick and Columba mit der Inschrift »Patrici et Columbae Crux«.

Kells gab auch dem berühmten Book of Kells seinen Namen, das im einst bedeutenden Kloster von Kells aufbewahrt wurde und heute im **Trinity College** 🔺 in Dublin bewundert werden kann.

MALAHIDE

ESSEN UND TRINKEN

Bon Appetit östl. G 2

Sternekoch – In Malahide an der Küste liegt dieses michelinprämierte Lokal, in dem Oliver Dunne – in London Schüler von Gordon Ramsey und Gary Rhodes – mit regionalen und saisonellen Produkten seine fantasievollen Speisen kreiert.

9 James Terrace | Tel. 0 18 45 03 14 | www.bonappetit.ie | Do–Sa 12.30–14.30, Mi–Sa 18–21.30 Uhr | €€€€

MONASTERBOICE

SEHENSWERTES

Kloster Monasterboice nördl. G 1

Schon im 5. Jh. wurde dieses Kloster gegründet, das neben Clonmacnoice und Glendalough eines der bedeutendsten Irlands war. Erhalten sind neben den Ruinen von zwei Kirchen und einem Rundturm drei Hochkreuze: Das kunstvollste heißt Muirdach's Cross und ist gleich neben dem Eingang des Friedhofs zu finden.

Eintritt frei

MONKSTOWN

SEHENSWERTES

Seapoint Martello Tower 👫

 südöstl. G 9

Der restaurierte Wachturm aus dem 19. Jh. sollte einst Dublin vor der Invasion napoleonischer Truppen bewahren. Seine Lage an der Dublin Bay macht ihn zu einem beliebten Ausflugspunkt. Die kleine Ausstellung im Inneren erzählt die Geschichte der Martello Towers an der Küste.

Brighton Vale | DART: Monkstown | Tel. 0 12 05 48 68 | Öffnungszeiten und Preise auf Anfrage

KULTUR UND UNTERHALTUNG

MUSIK UND TANZ

Cultúrlann na hÉireann ▶ S. 44

NAVAN

SEHENSWERTES

Hill of Tara nordwestl. A 1

Wahrscheinlich erwartet man sich mehr, wenn man einen der bedeutendsten Orte Irlands zum ersten Mal sieht: den Hill of Tara südlich von Navan. Von seinem »Gipfel« aus genießt man einen Blick in alle vier Provinzen der Insel. Tara galt aber schon in keltischer Zeit als Tor zur Unterwelt und Sitz der Götter. Später hielten die irischen Hochkönige hier Hof. In einer 230 m langen Banketthalle fand der Legende nach das »Feis« statt, ein alljährlich zu Samhain (Hallowe'en) veranstaltetes dreitägiges Fest mit einer Reihe religiöser und profaner Feiern. Der Hochkönig hörte sich Beschwerden an, sprach Recht und Gesetze wurden verabschiedet.

Ob die Banketthalle allerdings wirklich eine solche war, ist heute umstritten: Jüngere Forschungen belegen eine Reihe von Gräbern in der Halle, sodass sie eher als Begräbnisstätte für einige der Hochkönige von Tara gedient haben könnte. Unterschiedliche Interpretationen gibt es bei vielen Fundstätten auf Tara: »The Mound of the Hostages« ist der Legende nach ein Gefängnis, in dem Cormac McArt – der mächtigste der Hochkönige – im 3. Jh. Geiseln festgehalten haben soll. Wissenschaftliche Untersuchungen haben ergeben, dass es in Wirklichkeit ein Ganggrab aus der Steinzeit ist – was die Geisellegende natürlich nicht ausschließt. Unter dem »Royal Seat« verbirgt sich ein »Ringfort« (ein rundes oder ovales Erdwerk), und Cormac's House und Gráinne's Fort sind eigentlich Begräbnisstätten. Und ob der »Stone of Destiny« wirklich der Krönungsstein der irischen Hochkönige gewesen ist, ist ebenfalls nicht sicher.

Mit dem Beginn der Christianisierung schwand auch die Bedeutung von Tara, wenn auch die Könige von Leinster bis ins 11. Jh. hier gekrönt wurden. Mehr Details erfährt man im kleinen Visitors Centre am Fuß des Hügels.

Tara | www.heritageireland.ie | Mai– Sept. 10–18 Uhr | Eintritt 3 €, Kinder 1 €

NORTH BULL ISLAND

SEHENSWERTES

North Bull Island Nature Reserve 👥　　　　　**östl. G 2**

25 000 Vögel – 180 verschiedene Spezies – verbringen den Winter in diesem UNESCO-Biosphärenreservat bei Clontarf in der Bucht von Dublin, das bereits in den 1930er-Jahren zum Vogelschutzparadies erklärt wurde. Im Besucherzentrum erfährt man mehr über die Einzigartigkeit der Insel.

Clontarf | North Bull Island | DART: Clontarf | www.dublincity.ie | Besucherzentrum: Mo–Do 10.30–16, Fr 10.30– 13.30 Uhr | Eintritt frei

RATHFARNHAM

SEHENSWERTES

Rathfarnham Castle 👥　　　**südl. C 9**

Im 16. Jh. erbauter Wehransitz, der schon bald als eines der schönsten Anwesen im County Dublin galt. Sehenswert sind die Interieurs von Sir William Chambers und James »Athenian« Steward sowie eine Ausstellung von Kleidern, Puppen und Spielzeug aus der Berkeley-Sammlung.

Dublin 14 | Bus: Rathfarnham Castle | Tel. 01 49 39 4 62 | www.heritageireland. ie | Winter: Mi–So 10.30–17, Sommer: Di–So 10–17.15 Uhr | Eintritt frei

MUSEEN UND GALERIEN

Pearse Museum ▶ S. 114

SANDYCOVE

Vorort von Dublin, im Südosten von Dún Laoghaire und im Nordwesten von Dalkey gelegen: An die Bedeutung des Badeortes erinnert noch der ehemals nur Männern vorbehaltene Nacktbadeplatz »Forty Foot«, der heute beiden Geschlechtern zur Verfügung steht. James Joyce lebte einige Zeit in einem Wachturm daneben, in dem ihm ein kleines Museum gewidmet ist.

MUSEEN UND GALERIEN

James Joyce Museum ▶ S. 111

SANDYFORD

MUSEEN UND GALERIEN

Imaginosity ▶ S. 110

SKERRIES

SEHENSWERTES

Skerries Mills 🚶‍♂️ 🚩 nordöstl. G 1

Das Skerries Mills Industrial Heritage Centre zeigt vor allem Mühlen: eine Wassermühle, eine 5-flügelige und eine 4-flügelige Windmühle. In der Ausstellung erfährt man viel Interessantes.

Fingal | Bus: Skerries | Tel. 0 18 49 52 08 | www.skerriesmills.org | tgl. (außer Weihnachten) 10–17.30 Uhr | Eintritt 6,25 €, Kinder 3,35 €

SWORDS

BARS

The Wright Venue 🚩 🚩 östl. G 1

Bester Nachtclub der Stadt, in dem bekannte DJs wie Laidback Luke und Pete Tong auflegen. Im Hauptraum sorgen riesige Kronleuchter und eine Discokugel für Extravaganz. Vier Podien

für talentierte Tänzer umgeben die Haupt-Tanzfläche.

South Quarter | Airside Retail Park, Swords, Co. Dublin | www.thewright venue.ie | Fr–Sa 22–2.30 Uhr | €€

TALLAGHT

KULTUR UND UNTERHALTUNG

OPER, KONZERT, TANZ, THEATER

Civic Theatre 🚩 südwestl. A 9

Theater, Restaurant, Bar and Galerie in einem, vor allem das Theater lohnt den Ausflug nach Tallaght, am Fuß der Wicklow Mountains.

Tallaght Town Centre | LUAS: Tallaght | Tel. 0 14 62 74 77 | www.civictheatre.ie | Ticketvorverkauf Mo–Sa 10–18 Uhr

TRIM

SEHENSWERTES

Trim Castle 🚩 nordöstl. A 2

Besonderheit des Städtchens Trim ist seine Burg, die größte anglonormannische Festung in Irland. Erbaut wurde sie ursprünglich 1173 von Hugh de Lacy, aber kurz darauf vom letzten Hochkönig, Rory O'Connor, zerstört. Der heutige Bau stammt aus der Zeit um 1200 und wurde im 17. Jh. aufgegeben.

Am gegenüberliegenden Ufer des Flusses Boyne thronen auf einem Hügel die Überreste des Yellow Steeple, eines Glockenturms der St. Mary's Abbey aus dem 14. Jh., die von Cromwells Truppen zerstört wurde. Gleich daneben liegt Talbot Castle, ein Herrenhaus aus dem 15. Jh., das aus Überresten der Abtei errichtet wurde.

King John's Castle | www.heritage ireland.ie | Ostern–Sept. tgl. 10–18, Okt. tgl. 9.30–17.30, Nov.–Jan. Sa, So 9–17, Feb.–

Ostern Sa, So 9.30–17.30 Uhr | Eintritt 4 €,
Kinder 2 €

TULLYALLEN

SEHENSWERTES

Mellifont Abbey   nordwestl. A 1

Irlands erstes Zisterzienserkloster, im
12. Jh. errichtet. Sehenswert ist der ok-
tagonale Waschraum der Mönche aus
dem 13. Jh.

www.heritageireland.ie | Besucher-
zentrum: Ostern–Sept. 10–18 Uhr |
Eintritt 3 €, Kinder 1 €

WICKLOW MOUNTAINS

SEHENSWERTES

Wicklow Mountains   südl. A 9

Der höchste Berg dieser Landschaft im
Süden von Dublin ist der Lugnaquilla
(»lugnaquilla« bedeutet so viel wie eine
Aushöhlung im Holz) mit 924 m Meereshöhe. Vom Dörfchen Laragh (in der
Nähe liegt Glendalough) führt eine
Stichstraße in Richtung Wicklow Gap,
einem wilden, oft windumtosten und
nebelverhangenen Pass zwischen dem
Mount Tonelagee (816 m) und dem
Table Mountain (700 m). Fast noch
spektakulärer ist die Gegend rund um
den Sally Gap über dem dunklen
Lough Tay. Ausdauernde Wanderer
können einer 40 km langen Fernwan-
derung auf dem Wicklow Way zwischen Glendalough und Augrim ihrem
Hobby frönen.

Informationen zu Wanderwegen im
Glendalough Valley: National Park Information Point am Upper Lake von Glen-
dalough | www.wicklowmountains
nationalpark.ie

Im Küstenort Skerries (▶ S. 106) erwachen Wind- und Wassermühlen aus verschiedenen
Epochen zu neuem Leben. Frisch restauriert ziehen sie viele Touristen an.

MUSEEN UND GALERIEN

Dublins Museumslandschaft lässt sich nicht mit anderen europäischen Metropolen vergleichen. Das Angebot konzentriert sich vorwiegend auf das Zentrum im Süden des Liffey: Zwischen Temple Bar und dem Grand Canal findet man fast alle wichtigen Museen.

Dublin ist nicht Wien, nicht Berlin und schon gar nicht London: Irland hat weder koloniale Tradition noch die Kunstschätze anderer Länder in seine Museen gebracht. Und hatte auch nicht die finanziellen Mittel, um Forscher in die weite Welt zu schicken oder um kostenintensive Sammlungen anzulegen. Die Nationalgeschichte reicht ebenfalls erst 90 Jahre zurück, und dennoch hat Irland – und Dublin, wo sich die wichtigsten Museen und Galerien befinden – eine sehenswerte Kollektion an Ausstellungsorten, Exponaten und Geschichten, die damit verbunden sind.

SÜDLICH DES LIFFEY

Die Palette der hier angesiedelten Kunststätten reicht vom **National Museum of Ireland: Archaeology & History** 10 mit seiner Sammlung zur langen Geschichte der Insel über die **Hugh Lane Gallery** 9 und die Gal-

◀ Im Dublin Writers Museum (▶ S. 109) dreht sich alles um Irlands Literaturgeschichte.

lery of Modern Art mit zeitgenössischer Malerei bis hin zum Little Museum, dem letzten Neuzugang unter den Ausstellungsstätten, das sich um die Stadtgeschichte aus der Sicht der Dubliner bemüht.

Dann gibt es natürlich eine Reihe von kleinen Juwelen, die sich zum Teil um das reiche literarische Schaffen der irischen Hauptstadt kümmern: Abgesehen vom Dublin Writers Museum, das alle Literaten mit gleicher Aufmerksamkeit behandelt, widmen sich viele kleinere Gedenkstätten Größen wie James Joyce oder Oscar Wilde.

MUSEEN

Chester Beatty Library   🕮 D 6

Als irisch-amerikanischer Minenmagnat mit einem Hang zu östlicher Philosophie ließ sich Sir Alfred Chester Beatty in den 1950er-Jahren in Dublin nieder und vermachte seine wertvolle Kunstsammlung 1969 dem irischen Volk. Die reiche Kollektion an Manuskripten, Drucken, Ikonen, Miniaturen und Kunstobjekten reicht bis 2700 v. Chr. zurück: ägyptische Papyrustexte, der Koran, die Bibel und viele europäische mittelalterliche und Renaissancestücke sind darunter. Chinesische Drachenroben und japanische Holzdrucke sind ebenso zu sehen wie frühe christliche Schriftrollen.

Dublin 2 | Clock Tower Building, Dublin Castle, Dame St. | alle Stadtbusse, LUAS: St. Stephen's Green, Jervis | www.cbl.ie | Jan.–Dez. Sa 11–17, So 13–17, Mai–Sept. Mo–Fr 10–17, Okt.–April Di–Fr 10–17 Uhr, geführte Touren: Mi 13, So 15 und 16 Uhr | Eintritt frei

Dublin Writers Museum   🕮 D/E 4

Der langen Literaturtradition der Stadt von Swift und Wilde über Yeats und Joyce bis zu Beckett und Behan widmet sich diese Sammlung. Zu sehen sind viele Unikate wie das Telefon aus dem Appartement von Samuel Beckett in Paris. Brendan Behan erzählt hingegen in einem langen Brief von einer Party, die er mit Groucho und Harpo Marx besucht hat. Ein Raum ist der Kinderliteratur gewidmet.

Dublin 1 | 18–19 Parnell Square | Bus: Parnell Square, LUAS: Abbey St. | www.writersmuseum.com | tgl. Mo–Sa 10–17, So 11–17 Uhr | Eintritt 7,50 €, Kinder 4,70 €

Dublinia & The Viking World 🚶   🕮 D 5

In Viking Dublin kommt man der Wikinger-Vergangenheit der Stadt auf die Spur, man erfährt auch, wie das Leben auf einem Wikingerschiff aussah. Mittelalterliche Krankheiten wie die Pest kann man ebenso anschaulich miterleben wie die mittelalterliche Atmosphäre in Dublin.

Dublin 8 | St. Michael's Hill, Christchurch | Bus: Christchurch Cathedral, LUAS: Four Courts | www.dublinia.ie | März–Sept. tgl. 10–17, Okt.–Feb. 10–16.30 Uhr | Eintritt 7,50 €, Kinder 5 €

9 Hugh Lane Gallery ⚓ D 4

Eine der umfangreichsten Ausstellungen Irlands für moderne und zeitgenössische Kunst. Die Originalkollektion wurde von Sir Hugh Lane, einem Neffen von Yeats Freundin, Lady Gregory, 1908 gestiftet, der 1915 mit der »Lusitania« versank. Die Galerie umfasst rund 2000 Arbeiten – u. a. von Monet, Renoir und Degas, aber auch von irischen Künstlern wie Walter Osbourne, Roderic O'Conor oder Francis Bacon, dessen komplettes Londoner Studio hinter Glas originalgetreu wieder aufgebaut wurde. Bacon soll zwar bei der Erinnerung an Irland Panikattacken bekommen haben, aber sein Erbe, John Edwards, überließ den Arbeitsplatz eines der größten zeitgenössischen Künstler dennoch dem Museum seiner Geburtsstadt.

Dublin 1 | Charlemont House, Parnell Square North | Bus: Parnell Square, LUAS: Abbey St. | www.hughlane.ie | Di–Do 10–18, Fr, Sa 10–17, So 11–17 Uhr | Eintritt frei, Francis Bacon Studio 7 €, Kinder frei

Imaginosity 👪 ⚓ südöstl. F 9

In diesem Dubliner Kindermuseum können sich Kinder bis zu einem Alter von neun Jahren erproben: als Mechaniker in »The Garage«, als Arzt in »Dr. Apple-a-Day's« Operationsraum, bei einem Einkauf am Village Market oder als Präsentator der News im Fernsehen. Die ganz Kleinen werden in Motorik, Sprache und Sensorik geschult. Das Gebäude selbst glänzt ebenfalls wie ein Bonbon in allen Farben – vom reflektierenden Wasserbecken bis zu den Mosaiken am Dach.

Eine Besonderheit der berühmten Hugh Lane Gallery (▶ S. 110) ist das originalgetreu wieder aufgebaute Studio des irischen Malers Francis Bacon (1909–1992).

Dublin 18 | The Plaza, Beacon South Quarter, Sandyford | Bus: Backthorn Road, LUAS: Stillorgan | www.imagin osity.ie | Mo 13.30–17.30, Di–Fr 9.30–17.30, Sa, So 10–18 Uhr | Eintritt 8 €, Kinder 2–8 €

Irish Museum of Modern Art   B 6

Untergebracht im ehemaligen Royal Hospital, einem Prachtbau aus dem 17. Jh., zu dem auch ein mittelalterlicher Friedhof namens Bully's Acre und ein Barockgarten gehören. Das Gebäude wurde 1684 nach den Plänen von Sir William Robinson errichtet, um verwundete Soldaten aufzunehmen – nach dem Vorbild von Les Invalides in Paris. Das Museum zeigt moderne und zeitgenössische Kunst.

Dublin 8 | Royal Hospital, Military Rd., Kilmainham | Bus: Royal Hospital, LUAS: James's or Heuston | www.imma.ie | Di, Do–Sa 10–17.30, Mi 10.30–17.30, So 12–17.30 Uhr | Eintritt frei

James Joyce Museum   südöstl. G 9

Der James Joyce Tower war einer der Martello Towers an der Küste, das Museum ist heute dem Leben und Schaffen von James Joyce gewidmet, der in seinem Werk »Ulysses« den Turm als Schauplatz für das erste Kapitel wählte. Die Aussichtsplattform und das Wohnzimmer im Turm sind so erhalten, wie Joyce es im Buch beschrieben hat. Die Sammlung umfasst Briefe, Fotografien und persönlichen Besitz von Joyce, wie auch Ausstellungsstücke aus dem Dublin von »Ulysses«.

Sandycove Point, Sandycove | Bus/DART: Sandycove | www.jamesjoyce tower.com | Öffnungszeiten auf Anfrage | Eintritt frei

Jewish Museum   D 7

Dokumente und Exponate rund um die jüdische Gemeinde Irlands zeigen u. a. eine Küche in einem jüdischen Haus im 19. Jh., eine Synagoge mit Ritualgegenständen, aber auch Schaustücke zum Pogrom in Limerick 1920.

Dublin 8 | 3 Walworth Rd., Portobello | Bus: Portobello, Richmond St. South, LUAS: Harcourt, St. Stephen's Green | www.jewishmuseum.ie | Mai–Okt. So–Do 11–15.30, Nov.–April 10.30–15 Uhr | Eintritt frei

Im Januar in die National Gallery

Nur im Januar kann man einen Blick auf 31 zauberhafte Aquarelle des englischen Malers J. M. W. Turner werfen. Die impressionistischen Gemälde wurden ursprünglich nur in diesem lichtarmen Monat gezeigt, um sie vor dem Sonnenlicht zu schützen (▶ S. 15).

National Gallery of Ireland   F 6

1854 durch einen Parlamentsentscheid gegründet und 1864 zum ersten Mal zugänglich, umfasst die Sammlung heute 2500 Gemälde und 10 000 andere Werke, u. a. von Vermeer, Caravaggio, Tizian, Picasso, Monet oder van Gogh. Zu den irischen Malern zählen Paul Henry, Roderic O'Conor, Nathaniel Hone und Walter Osborne. Ein eigener Raum widmet sich Jack Yeats, der einen eigenen, der Landschaft Irlands angepassten impressionistischen Stil entwickelte. Sehenswert ist auch der neue »Millennium Wing« mit Restaurant, Shop und Wechselausstellungen.

Dublin 2 | Merrion Square West | LUAS: St. Stephen's Green | www.national gallery.ie | Mo–Mi, Fr, Sa 9.30–17.30, Do 9.30–20.30, So 12–17.30 Uhr | Eintritt frei

National Leprechaun Museum 🚻

🔖 D 5

Vieles über irische Mythologie und manches über die »leprechauns« – die irischen Naturgeister – erfährt man hier. Ist das Tagesprogramm kinderfreundlich, so gibt's abends einen Blick auf die dunkle Seite der irischen Folklore nur für Erwachsene (Fr, Sa 19.30 und 20 Uhr, 20 €).

Dublin 1 | Twilfit House, Jervis St. | LUAS: Jervis | www.leprechaunmuseum. ie | tgl. 10–18.30 Uhr | Eintritt 12 €, Kinder 8 €

🔟 National Museum of Ireland: Archaeology & History

🔖 E 6

Kein Besuch in Dublin ist komplett ohne einen Besuch im National Museum of Ireland. Die Reise führt zurück bis nach 7000 v. Chr. Zu sehen sind u. a. der Kelch von Ardagh, ein Bronzekelch, sowie vier Fibeln (Gewandnadeln) aus vergoldetem Silber, die im Jahre 1868 bei Ardagh gefunden wurden, darunter die berühmte Tara-Brosche. Beeindruckend sind die Funde »an Ór«, Irlands Gold, die im Parterre ausgestellt sind. Ein anderer Teil des Museums widmet sich der Eisenzeit und den Körperfunden aus Irlands Mooren. Das Gebäude wurde im 19. Jh. von Thomas Newenham Deane entworfen, die Eingangshalle – Rotunda genannt – erinnert an das Pantheon.

Dublin 2 | Kildare St. | LUAS: St. Stephen's Green | www.museum.ie | Di–Sa 10–17; So 14–17 Uhr | Eintritt frei

National Museum of Ireland: Decorative Arts & History 🚻

🔖 C 5

In den ehemaligen Kasernen der Britischen Armee wird Irlands größte Sammlung an dekorativer Kunst (Silber, Mobiliar, Kleidung, asiatische Kunst), aber auch eine breite Palette an Ausstellungsstücken und Multimediaexponaten zur sozialen und militärischen Geschichte des Landes gezeigt. In der »Soldiers and Chiefs«-Ausstellung wird der Einfluss des Militärs und Söldnertums auf die irische Bevölkerung beleuchtet. Das Earth Science Museum zeigt Fossilien, darunter Dinosaurierreste. Museumsshop und Café.

Dublin 7 | Collins Barracks, Benburb St. | Bus: Collins Barracks, LUAS: Museum | www.museum.ie | Di–Sa 10–17, So 14–17 Uhr | Eintritt frei

National Print Museum

🔖 G 6

In der ehemaligen Kaserne ist neben dem Irish Labour History Museum – mit einer Ausstellung zu Arbeit und industrieller Revolution – auch das Druckereimuseum untergebracht: Artefakte erinnern an die Arbeit des Druckers und Buchbinders – im digitalen Zeitalter beinahe eine aussterbende Zunft.

Dublin 4 | Garrison Chapel, Beggars Bush, Haddington Rd. | Bus: Northumberland Road, DART: Grand Canal Dock | www.nationalprintmuseum.ie | Mo–Fr 9–17, Sa, So 14–17 Uhr | Eintritt frei | Führungen 3,50 €, Kinder 2 €

National Transport Museum

🔖 östl. G 3

Wussten Sie, dass der öffentliche Verkehr in Dublin vor gerade mal 100 Jah-

Kaum zu glauben, dass die im Nationalmuseum gezeigte Tara-Brosche (▶ S. 112), ein filigranes Kunstwerk aus Silber, Gold und Bernstein, aus dem 8. Jh. stammt.

ren als einer der fortschrittlichsten weltweit galt? Öffentlicher und privater Güter- und Personenverkehr, das sind auch in diesem Museum die Themen. Begonnen hat die Geschichte der Sammlung 1949, als man versuchte, drei der Straßenbahnen Dublins zu retten. Diese und noch rund 60 andere Fahrzeuge sind im Depot in Howth zu sehen.

Howth | Howth Castle Demesne | DART: Howth | www.nationaltransport-museum.org | Juni–Aug. Mo–Fr 10–17, Sa, So 14–17, Sept.–Mai Sa, So 14–17 Uhr | Eintritt 3,50 €, Kinder 2 €

Number 29 Georgian House Museum 🚻 ⚓ F 6

In das Georgianische Zeitalter entführt auch dieses kleine Museum: Vom Souterrain über die mit Originalmöbeln ausgestatteten Räume entsteht die Zeit zwischen 1790 und 1820 wieder neu – von der Einrichtung über Gemälde bis hin zu Spielzeug ist alles original. Die Einführung beginnt mit einer Ton-Bild-Schau. Nette Cafeteria mit Shop.

Dublin 2 | 29 Fitzwilliam St. Lower | DART: Grand Canal Dock | www.esb.ie/numbertwentynine | Feb.–Dez. Di–Sa 10–17 Uhr | Eintritt 6 €, Kinder frei

Pearse Museum südl. C 9

Mitten im idyllischen St. Enda's Park liegt das dem irischen Freiheitskämpfer Patrick Pearse gewidmete Museum. In einer audiovisuellen Show wird an Pearse's Arbeit als Erzieher erinnert, in einem seinen Naturstudien vorbehaltenen Raum erfährt man Wichtiges über die irische Flora und Fauna.

Rathfarnham, Dublin 14 | St. Enda's Park, Grange Rd. | Bus: Grange Road | Tel. 01 49 34 2 08 | www.heritageireland. ie | Museum: Nov.–Jan. Mo, Mi–Sa 9.30–16, Feb. Mo, Mi–Sa 9.30–17, März–Okt. Mo, Mi–Sa 9.30–17.30 Uhr | Eintritt frei

GALERIEN

Douglas Hyde Gallery E 5

Der zeitgenössischen Malerei widmet sich dieser Ausstellungsort. Hin und wieder gibt es auch Liveperformances.

Dublin 2 | Trinity College | LUAS: Abbey St., St. Stephen's Green | www. douglashydegallery.com | Mo–Fr 11–18, Do 11–19, Sa 11–16.45 Uhr

Graphic Studio Gallery E 5

Diese Galerie in Temple Bar zählt zu den Hotspots für jene, die sich für Druckgrafik interessieren: Gezeigt werden zeitgenössische Arbeiten von irischen und internationalen Künstlern.

Dublin 2 | 8a Cope St., Temple Bar | LUAS: Jervis | www.graphicstudio dublin.com | Mo–Fr 10–17.30, Sa 11–17 Uhr

Green on Red F 5

Die in einem Industriebau untergebrachte Ausstellung zeigt »contemporary art« aus dem In- und Ausland, u. a. Mark Joyce und Paul Doran.

Das National Museum of Ireland (▶ S. 112): Im Obergeschoss werden Ausstellungsstücke aus der Zeit der Wikinger (9.–11. Jh.) und dem Mittelalter präsentiert.

Dublin 2 | 26–28 Lombard St. East | LUAS: Busáras | www.greenonred gallery.com | Di–Fr 10–18, Sa 13–16 Uhr

Hillsboro Gallery ⚑ E 4

1995 gegründet, zählt diese Location inzwischen zu den wichtigsten Galerien Irlands für amerikanische und europäische Kunst des 20. Jh.
Dublin 1 | 49 Parnell Square West | LUAS: Abbey St. | www.hillsborofineart. com | Mo–Fr 10.30–18, Sa 10.30–15.30 Uhr

Kerlin Gallery ⚑ E 6

Der Schwerpunkt liegt auf Konzept- und abstrakter Kunst. Einige der bekanntesten irischen zeitgenössischen Künstler stellen regelmäßig hier aus.
Dublin 2 | Anne's Lane, South Anne St. | LUAS: St. Stephen's Green | www.kerlin.ie | Mo–Fr 10–17.45, Sa 11–16.30 Uhr

Kevin Kavanagh Gallery ⚑ D 5

Wer aufstrebende irische Malerei und Fotokunst sucht, wird hier fündig.
Dublin 8 | 3A Chancery Lane | LUAS: St. Stephen's Green | www.kevin kavanagh.ie | Di–Fr 10.30–17.30, Sa 11–17 Uhr

Monster Truck ⚑ D 6

Schnell wechselnde Ausstellungen junger Künstler in einem offenen Showroom mitten in Temple Bar: unkonventionell das Konzept, ebenso die Kunst.
Dublin 8 | 73 Francis St. | Bus: Francis Street | www.monstertruck.ie | Mi–Sa 11–18 Uhr | Eintritt frei

Royal Hibernian Academy ⚑ E 6

Eine der schönsten Ausstellungsflächen der Stadt, getragen von einer Non-Profit-Organisation. Wechselnde Ausstellungen junger und etablierter Künstler. Pflicht ist alljährlich im Mai die Jahresausstellung, bei der man rund 1000 Arbeiten junger Künstler erwerben kann. In der Ashford Gallery – einer der fünf Galerien im Haus – werden regelmäßig Arbeiten junger Künstler gezeigt.
Dublin 2 | 15 Ely Place | LUAS: St. Stephen's Green | www.rhagallery.ie | Mo, Di 11–17, Mi–Sa 11–19, So 14–17 Uhr

Gegenwartskunst in der Duke Street 8

Nach dem Ende der Apollo Gallery, die seit den 1970er-Jahren bei Kunstfreunden eine Institution war, hat die Duke Street Gallery gleich nebenan eröffnet. Auch sie ist auf irische Kunst der Gegenwart spezialisiert (▶ S. 15).

Taylor Galleries ⚑ E 6

In einem eleganten Ambiente sind Schwergewichte wie Louis le Brocquy, Mary Lohan oder Timothy Hawkesworth zu sehen.
Dublin 2 | 16 Kildare St. | LUAS: St. Stephen's Green | www.taylor galleries.ie | Mo–Fr 10.30–17.30, Sa 11–15 Uhr

Temple Bar Gallery & Studios ⚑ E 5

Eine der wichtigsten Adressen für Liebhaber moderner Kunst. Zum Jahresende werden viele der Arbeiten in einer großen Ausstellung verkauft.
Dublin 2 | 5–9 Temple Bar | LUAS: St. Stephen's Green | www.templebar gallery.com | Di–Sa 11–18 Uhr

Im Fokus
Little Museum of Dublin – Schätze vom Dachboden

Das kleine Museum von Dublin ist ein Volksmuseum, ein »peoples museum«. Untergebracht ist es in einem georgianischen Stadthaus aus dem 18. Jh. und zeigt heute so manches Kleinod, das lange unentdeckt auf einem Dachboden geschlummert hatte.

»Das Haus stand leer, und wir hatten da diese Idee, etwas damit zu machen«, sagt Simon O'Connor. Simon ist Kurator des Little Museum of Dublin und gemeinsam mit dem heutigen Direktor Trevor White bot er der Stadt an, zwei Räume des leer stehenden Gebäudes als Museum zu nutzen.

Das war 2011, heute sind drei Stockwerke belegt, und schon 2012 wurde das Little Museum als »European Museum of the year« nominiert. »Wir wollten ein Museum von den Dublinern für die Dubliner: Die Bürger sollten uns Dinge bringen, von denen sie dachten, sie dokumentieren das Leben in ihrer Stadt.« Der Erfolg war gewaltig: Innerhalb weniger Wochen wurden Hunderte Exponate gesammelt: Briefe, Plakate, Spielzeug, Bilder, Einrichtungsgegenstände. »Immer wieder kamen Leute, die sagten, schau mal, was ich da auf dem Dachboden gefunden habe.«

◀ Von Kunst bis Krempel: Das Little Museum
(▶ S. 116) zeigt bislang verkannte Schätze.

Das Leben in Dublin im 20. Jh. soll das Museum dokumentieren: Simon führt mich noch durch die weiteren Räume, vorbei an Postern von U2, Konzertplakaten von Thin Lizzy und Fotos von Muhammed Ali. 5000 Exponate sind es bislang, nur ein kleiner Teil davon ist ausgestellt. Darunter ein Brief von Samuel Beckett aus Paris an einen kleinen Dubliner Jungen, das Lieblingsstück von Simon O'Connor: »Der Junge fragte Beckett im Brief, wie es damals war, als er in demselben Haus in Dublin gewohnt hat, in dem der Junge jetzt lebte. Und Beckett, damals schon Nobelpreisträger, hat geantwortet und ihm erzählt, wie es war. Sein Abschlusssatz war allerdings – und der bleibt mir immer in Erinnerung: Wenn Du eines Tages im Haus meinen Geist siehst, dann grüße ihn von mir.«

Simon blickt mit mir durch ein Fenster auf einen Hinterhof. »Wir haben schon Pläne, das Museum zu erweitern, auch das leer stehende Gebäude im Hinterhof zu nutzen.« Der Erfolg gibt ihm und Trevor recht: Mehr als 50 000 Interessierte haben das Museum seit seiner Eröffnung 2011 schon besucht. Nicht nur Dubliner und Touristen, meint Simon: »Es kommen Iren aus dem ganzen Land, weil sie von unserem Museum gehört haben.«

CITY OF A THOUSAND WELCOMES

Das Little Museum ist auch der Initiator von »City of a Thousand Welcomes«: Über eine Website kann man sich als künftiger Besucher anmelden und wird dann bei der Ankunft von einem Dubliner begrüßt, der einem bei einem Pint, einem Tee oder Kaffee die Stadt erklärt. »Die Dubliner machen das alles freiwillig und ohne Bezahlung, manche sind Pensionisten, manche tun es in ihrer Freizeit. Sie sind stolz auf ihre Stadt und wollen sie zeigen«, erklärt Simon. Auch für den Besucher ist die Einladung gratis (www.cityofathousandwelcomes.com).

INFORMATIONEN

Little Museum 🧍‍♂️ 　　　　　🚩E6

Alle Stücke im Museum wurden von Dublinern gestiftet, u. a. das Rednerpult von John F. Kennedy bei seinem Aufenthalt in Irland, Briefe von U2 etc. Am besten besucht man das Museum im Rahmen einer Führung, bei der man noch vieles zu den einzelnen Ausstellungsstücken erfährt.

Dublin 2 | 15 St. Stephen's Green | LUAS: St. Stephen's Green | www.little museum.ie | Mo–Fr 9.30–17, Do 9.30–20 Uhr | Eintritt 6,95 €, Kinder 4 €, Besucher, die bei »City of a Thousand Welcomes« mitmachen, zahlen nur die Hälfte

DURCH DAS GEORGIANISCHE DUBLIN

*Auf diesem Spaziergang durch das Herz des georgianischen
Dublins offenbaren sich dem Betrachter die architektonischen
Schönheiten und städtebaulichen Wandlungen zugleich. Vom Trinity
College, der Universität aus dem 16. Jh., geht es zum berühmten
Merrion Square. Dazwischen liegen geschichtsträchtige Etappen
wie die National Library, das National Museum of Ireland,
das prachtvolle Leinster House, der viktorianische Park St. Stephen's
Green und der alte Hugenotten-Friedhof.*

◄ Ein Kleinod georgianischer Architektur am Merrion Square (▶ S. 124) im Herzen Dublins.

START Trinity College
ENDE Merrion Square/Ely
LÄNGE 3 km

Wir könnten unseren Spaziergang theoretisch auch im Norden des Liffey beginnen: Denn in der **Henrietta Street** entstanden um 1720 die ersten Häuser im georgianischen Stil, die Straße selbst war die erste Dublins in dieser klaren, offenen Architektur mit kunstvollen Facetten und Details. Die Straße war aber auch eine der ersten, die den sozialen Wandel miterlebte. Aus prunkvollen Stadthäusern der Reichen wurden mit der Wirtschaftskrise des 19. Jh. zunächst Mietwohnungen und schließlich ein Arbeiterslum. In den Räumen, die einst mit kostbaren georgianischen Möbeln ausgestattet waren, hausten nun ganze Familien. Das sorgte für Zündstoff, denn hier brannte eine der Lunten, die beim Osteraufstand 1916 und später im Unabhängigkeitskampf der Iren zur Explosion führen sollten. Heute erstrahlt die Henrietta Street wieder in altem Glanz, manche der einstigen Prachtbauten sind wieder zu besichtigen wie – gegen Voranmeldung – Henrietta St. 15, in dem die Vereinigung der irischen Dudelsackspieler ihren Sitz hat. »**Uilleann Pipers**« (Na Píobairí Uilleann) nennen sie sich und spielen ihren Dudelsack in der Armbeuge. In den Monaten Juli und August werden auf Voranmeldung Besucher durch das Gebäude geführt und können dabei zusehen, wie man die »Pipe« spielt (Informationen zu aktuellen Veranstaltungen unter www.pipers.ie).

Prachtvolle Bauten im georgianischen Stil sind nördlich und südlich des Liffey zu finden. Farbenprächtige, verzierte Hauseingänge und Großzügigkeit in der Architektur – das sind wohl die wichtigsten Attribute, wie man diesen Stil beschreibt.

Royale Architektur

Benannt wurde er nach der Epoche, in der die englischen Könige George I. bis George IV. regierten – grob gesagt in der Zeit zwischen 1714 (dem Beginn der Regierungszeit von George I.) und 1830 (dem Tod von George IV.). Diese Epoche brachte in Dublin einen sehr einheitlichen Baustil hervor, der in neu errichteten öffentlichen Gebäuden und Privathäusern eingesetzt wurde. Und obwohl viele Gebäude in der Zwischenzeit zerstört wurden, prägt der georgianische Look bis heute die Stadt. Die Bauten waren von Anbeginn an jedoch weit mehr als nur Häuser: Es waren Statussymbole, in die die Dubliner enorme Summen investierten.

Wirtschaftlicher Niedergang

In dieser Periode wurden zwei Grundtypen von Häusern errichtet: große **Herrenhäuser** wie das Powerscourt House und die kleineren, eleganten **Stadthäuser**, die sich mit einer geschlossenen Fassadenfront – wie in der Henrietta Street – zur Straße wandten. Aber nach dem Act of Union 1801 war Dublin nicht mehr Sitz des irischen Parlaments und eine Zeit wirtschaftlichen Niederganges begann. Dublins Reiche verließen die Stadt, und die Grundstücks- und Hauspreise sanken in den Keller. Viele der georgianischen Häuser standen leer und wurden vermietet. Nicht wenige verfielen, den Mietern fehlte auch das Geld, die stattlichen Häuser zu erhalten. Auch die verarmte Landbevölkerung strömte in die Stadt, die einst prunkvollen Bauten wurden für die neuen Bewohner umgebaut. Später wurden viele Häuser abgerissen, weil man Platz für soziale Wohnbauten benötigte. Die georgianischen Straßen und Plätze Dublins stellen trotzdem, laut Experten, das kompletteste System einer Straßenarchitektur des 18. Jh. in Europa dar.

Meistens waren die Gebäude in Gruppen von zwei bis fünf Häusern angelegt. Sie lagen an einer breiten Straße und ließen Platz für einen privaten Garten auf der Rückseite. Sie unterschieden sich in der grundsätzlichen Architektur kaum voneinander, die eine gleichmäßige Optik auf der Frontseite ergaben. Lediglich in Details – meist an der Fassade, aber auch in der Farbe der Ziegel – zeigten sich Unterschiede. Kunstvolle Handläufe, Tore, Türumrandungen und Lampensäulen prägen bis heute diesen Stil.

Berühmt und geschichtsträchtig

Wir beginnen unseren eigentlichen Spaziergang aber auf der Südseite des Liffey im Zentrum von Dublin bei einem der geschichtsträchtigsten Gebäude der Stadt: **Trinity College** **6** . Die Universität aus dem 16. Jh. wird heute vor allem wegen der **Old Library** und seiner alten Handschriften wie dem **Book of Kells** besucht, aber auch der georgianische Stil hat hier Spuren hinterlassen.

Das **Provost's House** ist unser erstes Ziel – ein charakteristischer Bau dieser Epoche. Er liegt hinter der Exam Hall

und wurde 1760 errichtet. Kunstvoll verzierte Torbögen und große Fensterflächen prägen die Architektur. Auch weitere Gebäude im Trinity College weisen georgianische Charakteristiken auf, aber nie in dieser Klarheit wie das Provost´s House, in dem noch heute der Vorsteher von Trinity College wohnt. Daher ist das Gebäude nur von außen zu bewundern.

Wir lassen den College Park links liegen und gelangen über die Nassau Street und die South Leinster Street in die Kildare Street. Hier sehen wir auf der linken Seite die **National Library**: Das Gebäude wurde im späten 19. Jh. von den Architekten Thomas Newenham Deane und seinem Sohn Thomas Manly Deane im viktorianischen Stil erbaut.

Die Bibliothek besitzt eine große Sammlung an Material über Irland und seine Kultur, das man einsehen kann. Dazu gehören Bücher, Karten, Manuskripte, Musik, Zeitschriften, Periodika und Fotografien. Notizbücher und Handschriften von James Joyce, William Butler Yeats, Seamus Heaney und Roddy Doyle runden die Sammlung ab. Sehenswert ist vor allem der eindrucksvolle Leseraum.

Klassizistisch geprägt

In der Kildare Road liegen zwei der prachtvollsten Gebäude Dublins: **Leinster House** und das National Museum of Archaeology & History. Leinster House ist heute der Sitz des irischen Parlaments. Ursprünglich hieß es Kildare House und war das Heim von James Fitzgerald, Earl of Kildare. Fitzgerald wollte ein Wohnhaus, das seine Bedeutung reflektierte, und ließ es 1745 bis 1747 vom deutschen Architekten Richard Cassels entwerfen. Die Landschaft im Süden Dublins war damals als ziemlich unmodern angesehen. Aber sobald Leinster House im georgianischen Stil erbaut wurde, wurde der Süden immer begehrter und rund um St. Stephen's Green und Merrion Square entstanden weitere Stadthäuser. Noch größere Wellen schlug Fitzgeralds vom Klassizismus beeinflusster Bau: 1776 (im Jahr der Unabhängigkeit der USA) wurde Fitzgerald Duke of Leinster, sein Haus wurde in Leinster House umbenannt und wurde Vorbild für eine Reihe von Bauten in diesem Stil. Darunter soll sogar das Weiße Haus in Washington sein. Dessen Architekt, der Ire James Hoban, hatte an der Royal Dublin Society School studiert und wanderte um 1789 in die USA aus.

Gleich neben dem Leinster House hat das **National Museum of Ireland: Archaeology & History** 🔟 seinen Sitz. 1890 wurde das Gebäude auf der Kildare Street eröffnet. Es wurde von Thomas Newenham Deane und Thomas Manly Deane ebenfalls im Palladiostil erbaut – und schon mit dem Alten Museum in Berlin verglichen.

Dem Pantheon nachempfunden

Neoklassizismus dominiert die Säulen am Eingang und die Rotunda, die von einer Kuppel überdacht und dem Pantheon in Rom nachempfunden ist. Die Säulen gegenüber dem Eingang der Rotunda wurden mit irischem Marmor unterschiedlichster Provenienz gefertigt. Das Innere ist reich dekoriert mit Motiven aus dem antiken Griechenland und Rom, Mosaikböden mit Sze-

Repräsentative Details wie dieser Türklopfer sind typisch für den georgianischen Stil, der übrigens dem Klassizismus auf dem europäischen Festland ähnelt.

nen aus der klassischen Mythologie wie dem Zodiac-Motiv der Rotunda. Die reich verzierten Majolika-Türumrandungen und die Holztore wurden von Burmantofts Pottery of Leeds und William Milligan aus Dublin sowie Carlo Cambi aus Siena gefertigt.

Das **National Museum of Ireland** hieß früher Museum of Science and Art und wurde 1877 per Parlamentsakt gegründet. Die Archäologie-Sektion an der Kildare Street zeigt Funde aus dem prähistorischen Irland, frühe Goldarbeiten, Kirchenschätze und Funde aus Wikingerzeiten und Mittelalter. Auch das Altertum von Ägypten bis Rom ist mit Funden vertreten. Eines der bedeutendsten Ausstellungsstücke ist die »**Tara Brooch**«, die Tara-Brosche. Um 700 n. Chr. geschaffen, diente die kunstvolle Fibel zur Befestigung des Umhangs eines angesehenen und wohl sehr bedeutenden Mannes: Sie ist aus Silber gearbeitet und mit abstrakten Motiven verziert. Hergestellt wurde die Brosche in mehreren Einzelteilen, die dann zusammengefügt wurden. Als sie entdeckt wurde, fehlte nur ein Teil, danach verschwanden noch weitere, bevor die »Tara Brooch« 1872 die Sammlung des Museums bereicherte. Benannt wurde die Gewandnadel übrigens nach dem Hill of Tara, dem Sitz der irischen Hochkönige.

St. Stephen's Green – Ein viktorianischer Park

Nach einem Besuch im National Museum of History gehen wir weiter südlich die Kildare Street entlang, bis sich vor uns der Park von **St. Stephen's Green** erstreckt. Im Mittelalter noch ein Ort für Auspeitschungen und Hinrichtun-

gen, wurde er im 19. Jh. in einen viktorianischen Park umgewandelt – übrigens mit finanzieller Unterstützung der Brauerei-Familie Guinness.

Rund um den Park liegen einige sehr schöne Gebäude im georgianischen Stil: Auf der Nordseite befindet sich das Stadthaus, in dem heute das **Little Museum of Dublin** (▶ Im Fokus, S. 116) untergebracht ist: ein preisgekröntes »peoples museum«, dessen Sammlung aus Ausstellungsstücken des 20. Jh. von Dublinern zusammengetragen wurde. Und auf der Südseite lädt das **Newman House** zur Besichtigung ein: Eigentlich sind es zwei georgianische Stadthäuser, die einst der Catholic University of Ireland gehörten, heute dem University College Dublin. Hier sollten Sie den **Apollo**-Raum besuchen, auf dessen Paneelen Apollo und die Musen zu sehen sind, umrahmt von Rokokostuck. Im Nachbargebäude ist der spartanische Studier- und Schlafraum des Dichters Gerard Manley Hopkins sehenswert.

Oase der Ruhe – Der Hugenotten-Friedhof

Auf unserem Weg die Merrion Row entlang in Richtung Merrion Square kommen wir noch am **Hugenotten-Friedhof** vorbei: Er liegt neben dem Shelbourne Hotel und stammt aus dem 17. Jh. Hier wurden französische Protestanten bestattet, die in Irland Zuflucht fanden, nachdem sie aus Frankreich vertrieben wurden. Sie waren in Dublin für ihre handwerklichen Fertigkeiten berühmt, einige Straßennamen erinnern noch heute an sie: D'Olier Street und French Street. Auch Irlands erste Bank wurde 1713 von einem Hu-

Die im prunkvollen Stil des Edwardian Barock erbauten Government Buildings (▶ S. 123) sind Sitz des Premierministers, des Finanzministeriums und der Ratskammer.

genotten gegründet: David Digges La Touche rief sie gemeinsam mit Nathaniel Kane ins Leben.

Rechter Hand kommen wir zum Ely Platz und zur **Royal Hibernian Academy**: Sie entstand im späten 18. Jh., als die Künstler der Society of Artists in Irland darum ansuchten, ihre Arbeiten einmal jährlich ausstellen zu können. Zuerst in einem Gebäude der Lower Abbey Street untergebracht, übersiedelte die Akademie 1939 in dieses Haus am Ely Place. Seit 1826 wird hier jährlich im Mai die Ausstellung der Mitglieder gezeigt.

Wir kehren wieder zurück in die Upper Merrion Street und nehmen gegenüber den Regierungsgebäuden – sie ersetzten 1904 einen georgianischen Straßenzug – einen Kaffee auf der Gartenterrasse des **Merrion** zu uns: Vier Stadthäuser wurden zum heutigen Fünf-Sterne-Hotel zusammengefasst, das mustergültig renoviert wurde.

Stilkunde und Naturgeschichte
Danach wartet noch ein Abstecher in die Fitzwilliam Lower Street in östlicher Richtung. Abgesehen vom gleichnamigen, vom englischen Designer

und Restaurantbesitzer Sir Terence Conran gestalteten Hotel liegt hier auch das **Number 29**: Das ist Dublin's Georgian Museum, das man im Rahmen einer geführten Tour besuchen kann. Vom Keller bis zum Dachgeschoss wurden die Räume mit Originalmöbeln ausgestattet, wie sie in den Jahren 1790 bis 1820, der Hochblüte des georgianischen Stils in Dublin, Mode waren. In dieser Zeit, 1794, wurde das Haus von Olivia Beatty, der Witwe eines prominenten Weinhändlers, bezogen. Sie sehen im Rahmen der Ausstellung, wie das Leben für die Herrschaften, aber ebenso für die Hausangestellten war.

Gehen Sie wieder zurück auf die **Upper Merrion Street** – eine breite Prachtstraße, wie sie der Vorliebe der Stadtplaner entsprach – und zum National Museum of Ireland mit seiner Abteilung **Natural History**. Vor nicht langer Zeit wurde das kleine, schmucke Museum wiedereröffnet, eine Sammlung im Stil eines zoologischen Kabinetts, das sich seit seiner Eröffnung 1857 kaum verändert hat. Im irischen Raum im Parterre sieht man die Vielfalt der irischen Fauna, von Damwild über Papageientaucher bis hin zu Fischen aller Art. Im ersten Stock hingegen findet man eine Kollektion der Säugetiere der Welt, von Polarbären über Löwen bis zu einem Wal, der 1893 in Sligo strandete. Insgesamt hat das Museum 10 000 Präparate in seinen Archiven, nur ein kleiner Teil davon ist ausgestellt.

Alte Meister und große Dichter

Noch ein weiterer Höhepunkt der Dubliner Museumslandschaft erwartet uns, wenn wir den Merrion Square auf seiner Westseite erreichen: Nach der zeitgenössischen Malerei der **Douglas Hyde Gallery** kommen wir nun zu Caravaggio, Goya, Rembrandt und Turner. Die **National Gallery of Ireland** ist hier zu finden. Meister der europäischen Malerei, Holländer, Italiener und Engländer, aber auch zahlreiche Größen der irischen Kunst sind hier zu bewundern. »Hellelil and Hildebrand, the Meeting on the Turret Stairs« von Frederic William Burton wurde sogar einmal als Irlands bestes Bild bezeichnet.

Das Gebäude wurde 1854 erbaut und bis 1864 fertiggestellt, Francis Fowke hat es nach früheren Plänen von Charles Lanyon geplant. Die Fassade der National Gallery kopiert das Natural History Museum, das neben Leinster House gebaut wurde. Die Grundausstellung bestand aus gerade mal 125 Gemälden. In den nächsten Jahren wurden zwar ständig Gemälde zugekauft, aber erst mit der Schenkung der Countess of Milltown 1897 kamen rund 20 000 Gemälde in den Besitz der Galerie. 1899 bis 1903 wurde dafür extra der Milltown-Flügel erbaut, entworfen von Thomas Newenham Deane.

Kostbarkeiten im Januar

Einer der größten Schätze der Nationalgalerie ist bis heute nur jedes Jahr im Januar zu sehen: 31 Aquarelle des englischen Malers **J. M. W. Turner**. Sie werden nur in diesem Monat gezeigt, um sie vor Sonnenlicht zu schützen (▶ S. 15). George Bernard Shaw hinterließ der Galerie übrigens ein Drittel seines Besitzes – aus Dankbarkeit für die Zeit, die er in seiner Jugend hier verbringen durfte. Wenn Sie die Galerie wieder verlassen, liegt vor Ihnen der berühmteste georgianische Platz der Stadt: **Merrion Square**, dessen Zentrum ein grüner und baumbestandener Park bildet.

Berühmte Bewohner

Der Dichter **William Butler Yeats** wohnte in No. 82 Merrion Square, der Politiker **Daniel O'Connell** in No. 58 und **Oscar Wilde** in No. 1 (Dublin 2, American College Dublin, 1 Merrion Square, Tel. 0 16 62 02 81, Mo–Fr 9–17 Touren für Gruppen nach Voranmeldung, Eintritt 8 €). Oscar Wilde sieht man noch ein zweites Mal am Merrion Square: Er sitzt dort ganz lässig und dandylike auf einem Granitfelsen im Nordwesten des Parks.

1762 wurde der Platz angelegt und weitestgehend Anfang des 19. Jh. fertiggestellt. Nur durch Zufall ist er bis heute »der« georgianische Platz der Stadt. In den 1930er-Jahren sollte er nämlich dem Erdboden gleichgemacht werden. Die georgianischen Häuser galten damals als altmodisch und unnational – weil eigentlich im Stil englischen Ursprungs. Der Zweite Weltkrieg machte die Pläne obsolet: Sie wurden zurückgestellt und schließlich (glücklicherweise) vergessen.

Jeden Sonntag findet am Merrion Square (10–18.30 Uhr) die **Merrion Square Open Air Art Gallery** statt, bei der Künstler ihre Bilder auf dem Platz präsentieren und verkaufen.

Machen Sie zum Abschluss noch einen Abstecher in den **Merrion Square Park**: An den Mauern des Parks erinnern Büsten an irische Patrioten, aber auch nur ein Spaziergang unter dem alten Baumbestand ist beschaulich.

Lässig, lasziv und jeder Millimeter ein Dandy: So hat Bildhauer Danny Osborne den berühmten Oscar Wilde (▶ S. 125) auf dem Merrion Square in Stein verewigt.

DAS UMLAND ERKUNDEN

Fast wie aus einer anderen Zeit mutet die Landschaft um Glendalough (▶ S. 132) an.

EIN TAG AM MEER – MALAHIDE, GÄRTEN UND EIN SCHLOSSGEIST

CHARAKTERISTIK: Ausflug an die irische Küste, in einem mittelalterlichen Schloss begegnen wir Pflanzen aus aller Welt und einem Geist **ANFAHRT:** Mit der DART ab der Connolly-Station bis Malahide **DAUER:** Halbtagesausflug **EINKEHRTIPP:** Chez Sara, Malahide, 3 Old St., Tel. 0 18 45 18 82 €€€ **AUSKUNFT:** Malahide Castle and Demesne, Malahide, Back Rd., Tel. 0 18 90 50 00, www.malahidecastleand gardens.ie, tgl. 9.30–16.30 Uhr, Eintritt 14 €, Kinder 7 €

Der DART, die Küstenbahn, ist die beste Art, die pittoreske Nordküste Dublins zu entdecken: Die Route führt von der Connolly-Station im Zentrum Dublins entlang der Dublin Bay und vorbei an Howth bis Malahide, der Endstation. Von dort richten wir uns nach den Schildern zu **Malahide Castle** und **Demesne** und betreten nach einem zehnminütigen Spaziergang einen der berühmtesten Parks Irlands: 101 ha Grünland mit einem verwunschenen Schloss in der Mitte.

Der Talbot-Familie gelang es, das Schloss und die Gärten fast 800 Jahre in ihrem Besitz zu halten – von 1185 bis 1976. Lediglich von 1649 bis 1660 wurde es von Cromwells Truppen besetzt. Die letzte Besitzerin des Schlosses, Rose Talbot, übergab es dem Dublin City Council.

Das Schloss

Im Kern ist das Schloss noch heute ein dreistöckiger Wohnturm aus dem 12. Jh., die **Rundtürme**, die die Front flankieren, wurden 1765 angefügt. Das Gruseligste bei einer Führung durch Schloss Malahide ist die Geschichte von »Puck«: Der Hausgeist der Talbot-Familie, ein Komödiant, erhängte sich einst aus unerfüllter Liebe im großen

Saal, seitdem erscheint er immer wieder, meist, wenn hübsche junge Mädchen im Saal sind. Sie verspüren dann einen kalten Luftzug und werden aus unerfindlichen Gründen ohnmächtig. Obwohl der Geist zum letzten Mal in den 1970er-Jahren gesehen wurde, treten die Ohnmachten noch immer fast jährlich auf. Aber »Puck« ist nur eine der Besonderheiten des Schlosses: Eine andere sind die zahlreichen Original-Möbelstücke, die von den Lords of Talbot zum Teil von ihren Reisen mitgebracht wurden, darunter einige unschätzbare Stücke aus Italien.

Zu sehen ist das alles bei einer geführten Tour durch das Schloss, bei der vor allem die vier Räume im ersten Stock besucht werden: Im **Eichenzimmer** aus dem 16. Jh. sieht man Originalmöbel und mit wertvollen Schnitzereien verzierte Holzarbeiten, in den beiden **Drawing Rooms** Möbel aus dem Rokoko und dem Neoklassizismus und in der **Great Hall** zahlreiche Familienporträts. Ein großes Gemälde der Schlacht am Boyne nimmt die Stirnseite der Großen Halle ein: In diesem Saal fand nämlich das letzte Abendessen vor der Schlacht am Boyne im Juli 1690 statt, bei der Lord Richard Talbot (sein Bru-

Malahide Castle (▶ S. 128) hat alles, was ein Schloss aus dem 11. Jh. ausmacht: Prunkgemächer, einen bildschönen Park und ein Schlossgespenst namens Puck.

der Peter war übrigens der Erzbischof von Dublin) seine Getreuen versammelte, um an der Seite der Katholiken zu kämpfen. Am Tag nach der verlorenen Schlacht war nur mehr einer übrig: Alle anderen waren gefallen.

Die Gärten

Die **Gärten** – 101 ha Grün umgeben das Schloss – waren die große Leidenschaft von Milo Talbot, dem letzten Lord, nach dessen Tod es seine Schwester Rose verkaufte. Lord Milo hat in den Gärten – darunter ein wunderschöner ummauerter Steingarten – unzählige Pflanzen aus der ganzen Welt gesammelt. Eine interaktive Ausstellung bringt Ihnen die Sammlung näher, Sie können sogar »in zwanzig Pflanzen« um die Welt reisen.

Nach einem Besuch des Schlosses und der Gärten führt uns der Weg durch den Park ins Zentrum von **Malahide**. Wir bummeln entlang der Promenade am **Hafen** und kehren in einem der kleinen Restaurants im Zentrum ein – wie bei Chez Sara, wo wir uns Köstlichkeiten wie »Irish Lamb« oder »Red Snapper« auftischen lassen, bevor wir mit der DART wieder zurück nach Dublin fahren.

BOYNE VALLEY:
EIN ÜPPIG GRÜNES TAL UND STEINERNE
ZEUGEN DER VERGANGENHEIT

CHARAKTERISTIK: Tagesausflug in das grüne Boyne Valley und der Besuch von 5000 Jahre alten Steingräbern **ANFAHRT:** Mit dem Auto über die M 1 nach Norden bis Drogheda, 3,5 km westlich auf der Rathmullan Rd. **DAUER:** 1 Tag **EINKEHR-TIPP:** Brú na Bóinne Visitors Centre Café, Frühstück und hervorragend gutes Lunch im unteren Bereich des Visitors Centre, auch vegetarische Küche) € **AUSKUNFT:** Brú na Bóinne Visitors Centre, Newgrange, www.newgrange.com, Feb.–April tgl. 9.30–17.30, Mai tgl. 9–18.30, Juni–Mitte Sept. tgl. 9–19, Mitte–Ende Sept. tgl. 9–18.30, Okt. tgl. 9.30–17.30, Nov.–Jan. tgl. 9–17 Uhr, Eintritt (Newgrange und Knowth) 11 €, Kinder 6 €; Battle of the Boyne Visitor Centre, Oldbridge Estate Farm, www.battle oftheboyne.ie, März–April tgl. 9.30–17.30, Mai–Sept. tgl. 10–18, Okt.–Feb. tgl. 9–17 Uhr, Eintritt 4 €, Kinder 2 €

Von Dublin aus fahren wir auf der M 1 nach Norden: Die flache, landwirtschaftlich genutzte Landschaft geht schön langsam über in sanfte Hügel ins **Boyne Valley**. Das erstreckt sich entlang dem gleichnamigen Fluss von Drogheda aus nach Westen, bis wir an der Oldbridge Estate Farm zum **Battle of the Boyne Visitor Centre** kommen. In der Schlacht am Boyne unterlagen am 11. Juli 1690 die irischen Truppen unter dem katholischen Stuart-König Jakob II. dem Heer des protestantischen Wilhelm von Oranien. Letzterer hatte eine 36 000 Mann starke Söldnertruppe am Nordufer des Boyne bei Oldbridge zusammengezogen und konnte nach einem blutigen Gemetzel die zahlenmäßig deutlich unterlegene irische Truppe in die Flucht schlagen. Vom Visitor Centre aus nehmen wir den idyllischen **Canal Towpath Walk** (rund 50 Min., 3,5 km) entlang dem sanft dahinfließenden Boyne, vorbei an den geschichtsträchtigen Orten, an denen einst die blutige Schlacht tobte. Im Visitors Centre sieht man ein Modell der Schlacht und Nachbauten der Waffen von damals.

Newgrange ▶ Knowth

Aber nicht die Schlacht hat das Boyne Valley zu einem Fixpunkt auf einer Irlandreise gemacht. Über eine Länge von rund 15 km birgt das grüne Framland am Fluss die größte Konzentration antiker Kulturdenkmäler Europas, allen voran die jungsteinzeitlichen **Ganggräber** in Newgrange, Dowth und Knowth. Mit einem geschätzten Alter von 5000 Jahren gehören sie zu den bedeutendsten prähistorischen Monumenten Europas.

Wir beginnen unsere mittelalterliche Runde in **Newgrange**, was so viel wie neues Gehöft bedeutet: Die Anlage ist nach einem ähnlichen Prinzip wie die ägyptischen Pyramiden errichtet. Eine Grabkammer ist von einem Tumulus überwölbt und nur durch einen langen Gang erreichbar. Newgrange hat eine Höhe von 12 m und einen Gesamtdurchmesser von 85 m. Die Anlage umgibt ein Kreis aus ursprünglich 38 Monolithen, von denen nur noch zwölf erhalten sind.

Welchem Zweck Newgrange diente, weiß man bis heute nicht: Möglicherweise wurde es für religiöse oder Begräbniszeremonien genutzt. Nur zur Wintersonnenwende (▶ S. 55) erhellen die Strahlen der Sonne den kompletten Gang und die Grabkammer. Es sind aber auch Steinbecken zu finden, die Knochen verbrannter Menschen und Grabbeigaben enthielten.

Nach einem Besuch in Newgrange fahren wir weiter ins benachbarte **Knowth**. Das bronzezeitliche Grab von Knowth besitzt zwei Gänge, die ins Herz des Ganggrabes führen, Steine sind mit Linien verziert. Rund um den Grabhügel wurden Reste bronzezeitlicher, eisenzeitlicher, frühchristlicher und normannischer Behausungen und Verteidigungsanlagen gefunden. Und ähnlich wie in Newgrange dringen auch die Sonnenstrahlen zur Wintersonnenwende ins Innere.

Knowth ▶ Dowth

Noch eine dritte Anlage gibt es: **Dowth** verfügt über zwei Gänge zu den Grabkammern, der längere misst 14 m bei einer Höhe von 3 m, der kürzere 3,5 m, ist aber nicht der Öffentlichkeit zugänglich. Wir gönnen uns daher eine kleine vegetarische Stärkung im gemütlichen Café des Visitors Centre und fahren nach unserem Ausflug in die Frühgeschichte auf der M 1 wieder zurück nach Dublin.

Ähnlich wie bei den Gräbern von Newgrange und Dowth gruppiert sich in Knowth (▶ S. 131) um einen Haupthügel eine stattliche Zahl vorzeitlicher Megalithanlagen.

AUF ST. KEVIN'S SPUREN: WANDERN IN DEN WICKLOW MOUNTAINS

CHARAKTERISTIK: Tagestour mit dem Auto nach Glendalough in den Wicklow Mountains und eine Wanderung entlang der Seen **ANFAHRT:** Mit dem Auto von Dublin aus über Killakee und die Military Road nach Glendalough; oder mit St. Kevin's Bus, www.glendaloughbus.com, Abfahrt Mo–Sa 11.30 und 18, So 11.30–19 Uhr, 13 € einfach, 20 € hin und zurück, Rückfahrt um 7.15, 16.30, im Juli und August um 17.30 Uhr **DAUER:** Tagesausflug **EINKEHRTIPP:** Wicklow Heather Restaurant, www.thewicklowheather.com €€€ **AUSKUNFT:** Der National Park Information Point am Upper Lake informiert über die Wanderwege im Glendalough Valley; Informationen über Glendalough: Glendalough Visitor Centre, www.heritageireland.ie, Mitte März–Okt. 9.30–18, Nov.–Mitte März 9.30–17 Uhr

Unsere Reise in eine ursprüngliche Landschaft, die man sich kaum nahe von Dublin erwartet, beginnt in **Killakee**, im Süden von Dublin: Die Military Road genannte Landstraße führt zuerst an Feldern und Steinmauern vorbei in eine verwunschene Moorlandschaft mit Bächen und Torfböden. Der höchste Berg dieser Landschaft, der Wicklow Mountains, ist der **Lugnaquilla** mit seinen 924 m Meereshöhe. Es geht weiter über Berghänge und durch bewaldete Täler, bis wir nach rund 30 km das Dörfchen **Laragh** erreichen.

Laragh ▶ Glendalough

Von hier führt eine Stichstraße in Richtung Wicklow Gap. Zuvor erreichen wir aber **Glendalough**, ein fast verwunschenes Örtchen und eines der bekanntesten Touristenziele Irlands, Ausgangspunkt unserer Wanderung in den Wicklow Mountains.

Das irische **Gleann dá Loch** heißt übersetzt Tal der zwei Seen, und dieser Flecken, den der hl. Kevin im Jahr 498 n. Chr. entdeckte, hat seitdem immer Besucher in seinen Bann gezogen: Zwei

Seen, wie der Name sagt, sind umrahmt von einer imposanten Berglandschaft, Felsen und dichten Wäldern. Kevin ließ sich in einem bronzezeitlichen Grab nieder, schlief auf Steinen, trug Tierfelle und begann mit den Tieren zu reden. Sein Lebensstil zog bald Schüler an und eine Mönchsgemeinschaft begann sich hier anzusiedeln. Bis zum 9. Jh. wurde sie eine der bedeutendsten Irlands. Im 12. Jh. lebten mehr als 3000 Menschen im Tal und sieben Kirchen zogen die Gläubigen an. Erst im 17. Jh. verfiel das Kloster völlig, aber bis heute treffen sich alljährlich am 3. Juni die Pilger hier, um den St. Kevin's Day zu begehen.

Wir lassen das Besucherzentrum, die Überreste des Klosters und die Rundtürme linker Hand hinter uns und wandern das Tal entlang am **Lower Lake** durch schützende Laubwälder bis zum **Upper Lake**: An seinen Ufern liegen die Ruine der **Reefert Church** und die Reste der **Kevin's Cell**, der Hütte, in der der Heilige einst gebetet haben soll. Auf der nördlichen Seite des Sees führt der Pfad am Seeufer entlang. Auf der anderen Seite des Wassers kann man 10 m über dem Seespiegel St. Kevin's Bed erkennen, eine künstliche Höhle, in der geschlafen hat.

Am Ende des Sees beginnt sich die Landschaft zu ändern: Die Vegetation bleibt zurück und das Tal wird karg, unser Weg führt noch weiter bis zu den Überresten eines Bergmannsdorfes: Hier wurden bis ins 19. Jh. Zink und Blei abgebaut.

Wir gehen entlang dem Upper Lake wieder zurück und wenden uns vor dem Lower Lake nach rechts. Weiter in Richtung des Klosters von Glendalough kommen wir noch am **Deer Stone** vorbei, an dem Kevin einst eine Hirschkuh gemolken haben soll, um sich zu ernähren. Das **Kloster Glendalough** schließlich ist der Endpunkt unserer Wanderung: Wir besuchen **St. Kevin's Kitchen** (eine wegen seines Kamins so genannte Kirche), die Ruinen der **Cathedral of Peter & Paul** und bewundern schließlich noch den 33 m hohen **Rundturm**, der noch heute so dasteht wie vor 1000 Jahren. Der »Roundtower« wurde übrigens erst um 1066 erbaut, um Reliquien, Bücher und Kelche vor den Wikingern zu schützen. Zu sehen ist auch ein Hochkreuz, **St. Kevin's Cross**: Da es keine Reliefs und Ornamente aufweist, war es wohl einst bemalt und die Bemalung verwitterte im Lauf der Zeit. Jedes Jahr am 3. Juni, dem St. Kevin's Day, pilgern zahlreiche Gläubige hierher. Dann – nach einer Teepause im Visitor Centre oder einer exzellenten gebratenen Forelle im Wicklow Heather Restaurant – geht es zurück nach Dublin.

Der geheimnisvolle Upper Lake (▶ S. 132), eingebettet in die rauen Wicklow Mountains, ist nur einen kurzen Spaziergang von den Ruinen Glendaloughs entfernt.

DUBLIN
ERFASSEN

Das James Joyce Centre (▶ S. 86) gibt auch
Einblick in das epochale Werk »Ulysses«.

AUF EINEN BLICK

Hier erfahren Sie alles, was Sie über die irische Hauptstadt
wissen müssen – kompakte Informationen über
Land und Leute, von Bevölkerung und Sprache über
Geografie und Politik bis Religion und Wirtschaft.

BEVÖLKERUNG

Der Name Dublin schließt Gebiete wie Dún Laoghaire-Rathdown, Fingal und South Dublin mit ein. Zusammen ergeben sie das County Dublin bzw. die Region Dublin.

Im Verwaltungsgebiet des City Councils leben – so die Bevölkerungszählung 2011 – 527 612 Personen, in der Stadt Dublin 1 110 627 Personen. Im County Dublin sind es 1 273 069 und in der Greater Dublin Area 1 804 156.

Seit den 1990er-Jahren und durch den Arbeitskräftebedarf des Celtic Tiger sind sehr viele Immigranten zugewanderte, vor allem aus Großbritannien, Polen und Litauen, aber auch aus China und Nigeria. Der Bevölkerungsanteil von Immigranten liegt bei 15 %.

LAGE UND GEOGRAFIE

Dublin liegt im Osten Irlands an der Mündung des Liffey und erstreckt sich über rund 115 qkm. Im Süden wird es von der niedrigen Gebirgskette der Dublin Mountains begrenzt, im Westen und Norden von fruchtbarer Ebene und im Osten vom Atlantik. Der Liffey

◄ Ehrgeiziges Projekt der Stadtplaner: die Wiederbelebung des Hafenareals Docklands.

teilt die Stadt in eine Süd- und eine Nordseite. Die beiden künstlichen Wasserstraßen des Grand Canal (südlich) und des Royal Canal (nördlich) umfließen die Stadt vom Liffey östlich des Zentrums aus in einem Halbkreis.

POLITIK UND VERWALTUNG

In Dublin tritt das Oireachtas, das irische Parlament, zusammen: Es setzt sich aus dem Präsidenten zsuammen, dem Oberhaus (Seanad Éireann) und dem Unterhaus (Dáil Éireann). Während der Präsident in Áras an Uachtaráin in **Phoenix Park** ⭐ residiert, sitzen Ober- und Unterhaus in Leinster House in der Kildare Street, das seit der Unabhängigkeit 1922 Sitz der irischen Regierung ist. Premierminister ist Kenny Enda (Fine Gael), Staatspräsident Michael D. Higgins.

Die Stadtregierung Dublin City Council ist eine Versammlung von 52 gewählten Mitgliedern. Ihren Vorsitz führt der Lord Mayor (Oberbürgermeister), der jährlich gewählt wird. Die Sitzungen des Council finden in der Dublin City Hall statt, während die Verwaltung großteils in den Civic Offices am Wood Quay situiert ist.

RELIGION

Rund 86 % der Iren gehört dem römisch-katholischen Glauben an, die zweitgrößte Religionsgemeinschaft ist die anglikanische Church of Ireland.

SPRACHE

In Dublin wird großteils Englisch gesprochen. Die irische Sprache – Gälisch – ist zweite Amtssprache: 10 469 Schüler in der Dubliner Region besuchen irischsprachige Primary- und Secondary-Schulen.

WIRTSCHAFT

Die Region Dublin ist das wirtschaftliche Zentrum der Insel, noch 2009 wurde die Stadt an der Kaufkraft gemessen als die viertreichste Stadt der Welt klassifiziert. Die irische Bankenkrise und damit die wirtschaftliche Rezession setzte der Stadt zwar zu, aber von den Krisenländern der EU hat sich Irland bislang am schnellsten erholt. Der traditionelle produzierende Sektor ist nach wie vor im Niedergang, dafür haben sich in den 1990er-Jahren – angelockt auch durch geringe Unternehmenssteuern – zahlreiche »big player« vor allem der Computerindustrie in der Greater Dublin Area angesiedelt. Der ökonomische Boom führte auch zu einem Bauboom, der vor allem die Docklands und das Spencer Dock betraf, in dem das Kongresszentrum, die Veranstaltungslocation O2 und das Grand Canal Theatre entstanden.

AMTSSPRACHE: Englisch, Irisch
BEVÖLKERUNG: 85 % Iren, 15 % andere Nationalitäten
EINWOHNER: 527 612 (Stadt Dublin) von 4,589 Mio. in Irland
FLÄCHE: 115 qkm
RELIGION: Römisch-katholisch (ca. 86 %)
VERWALTUNG: Dublin City Council wird von der Labour Party dominiert, zweitwichtigste Partei ist Fine Gael, gefolgt von Fianna Faíl
WÄHRUNG: Euro

GESCHICHTE

Irlands Geschichte ist auch eine Geschichte des Widerstands: zuerst gegen die Wikinger, später gegen Normannen und Engländer. Wobei Dublin immer eine Sonderstellung einnahm, als administratives Zentrum war es meist in den Händen der Eroberer.

Selbst **Dublin Castle**, erbaut von den Normannen, war bis 1922 Sitz der britischen Verwaltung. Aber ob bei den Massakern Cromwells, während der Großen Hungersnot oder im Unabhängigkeitskrieg: Die Engländer zeigten wenig Mitgefühl für ihre Nachbarn. Nicht nur das: Im eigenen Hinterhof gingen sie mit noch mehr Brutalität gegen jene vor, die nicht die ihnen zugedachte Rolle spielten. Das sahen selbst die Briten ein: **William Ewart Gladstone**, Premierminister von 1868–1894, sagte in einer Parlamentsrede, dass es wohl auf dem ganzen Erdball kein Geschichtsbuch gebe, das Englands Verhalten gegen Irland nicht auf das Schärfste verurteilen würde.

4. Jh. v. Chr. Die keltischen Gälen

Der irische Nationalstolz basiert daher größtenteils auf der vornormannischen Zeit. Er ist hauptsächlich auf die megalithischen Völker zurückzuführen, die im Norden von Dublin die gigantischen **Ganggräber von Newgrange**, **Knowth** und **Dowth** erbaut haben, vor allem aber auf die keltischen Gälen. Dieses Reitervolk aus Frankreich und Spanien überrannte im 4. Jh. v. Chr. mit ihrer auf Eisen basierenden Technik die einheimische Bevölkerung, das in der irischen Mythologie »Firbolg« (große Menschen) genannte Volk, und dominierte bis ins Mittelalter die irische Kultur.

Um 500 v. Chr.

Das keltische Volk der Gälen wandert aus Britannien ein.

452 n. Chr.

Der hl. Patrick predigt den Iren das Christentum. Zahlreiche Klöster werden gegründet.

Um 800 n. Chr.

Die Wikinger verwüsten Teile Irlands, gründen aber gleichzeitig Städte wie Dublin, Limerick und Waterford.

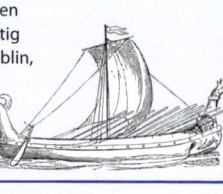

1014

Hochkönig Brian Ború besiegt in der Schlacht von Clontarf die Wikinger.

4.–7. Jh. Christlicher Einfluss

Im 4. Jh. vermischte sich die **keltische Kultur** mit der **christlichen Religion**, die vom hl. Patrick nach Irland gebracht wurde.

Im »Goldenen Zeitalter« des 7. Jh. wurden **Klöster** ein Hort von Kunst und Kultur, auch in Dublin, dessen monastische Niederlassungen aber nicht mit **Clonmacnoise** oder **Glendalough** mithalten konnten, den führenden Klostersiedlungen der Insel.

9. Jh. Wikingerherrschaft

Immer wieder waren die Küstenregionen den Angriffen und Raubzügen der **Wikinger** ausgesetzt, die dabei auch Siedlungen und erste Städte gründeten: Eine davon lag am **River Poodle**, einst ein Dubliner Fluss, inzwischen ein unterirdisches Rinnsal, nahe dem heutigen Wood Quay. Nach seiner Gründung im 9. Jh. – und abgesehen von einer Reihe von Aufständen der einheimischen Iren – blieb Dublin für fast drei Jahrhunderte unter der Herrschaft der Wikinger, die vermutlich über die Shetland-Inseln nach Irland kamen.

12. Jh. Unter englischer Kontrolle

1169 bat der König von Leinster, **Diarmait Mac Murchada**, den englisch-normannischen **Earl of Pembroke**, »Strongbow« genannt, ihm bei der Eroberung Dublins zu helfen. Nach dem Tod Mac Murchadas erklärte sich Strongbow zum König von Leinster und übernahm die Kontrolle der Stadt. Bald darauf kam auch der englische König Henry II., angestachelt durch den Erfolg Strongbows, mit einer starken Armee nach Irland und erklärte sich 1171 zum Lord of Ireland. Für fast 800 Jahre blieb Dublin nun unter **englischer Herrschaft**.

13.–16. Jh. Florierender Handel und der Einfluss der Tudors

Ende des 13. Jh. hatte die Stadt bereits 8000 Einwohner und war ein wichtiges **Handelszentrum**, dessen Einfluss allerdings auf den Osten Irlands beschränkt war. Es wurde in dieser Zeit immer wieder von den irischen Klans der Umgebung angegriffen.

Erst mit der Eroberung der gesamten Insel durch die Tudors im 16. Jh. brach

Der König von Leinster, Diarmait Mac Murchada, bittet den Normannen Strongbow, ihm bei der Eroberung Dublins zu helfen.

1169

Oliver Cromwell beginnt einen Vernichtungsfeldzug gegen das katholische Land.

1649

1541

Heinrich VIII. erklärt sich zum König von Irland und wird Oberhaupt der protestantischen Kirche.

eine neue Ära an; Dublin wurde das Administrationszentrum ganz Irlands. Königin Elizabeth I. gründete 1592 **Trinity College** als protestantische Universität und wandelte die katholischen Kathedralen **St. Patrick's** und **Christ Church** in protestantische Kirchen um.

17. Jh. Die Schrecken der Pest und des Lordprotektors

1640 lebten rund 21 000 Menschen in der Stadt, zwischen 1649 und 1651 wurde allerdings fast die Hälfte der Bevölkerung von die Pest hinweggerafft. Im restlichen Irland wüteten zur gleichen Zeit die Truppen **Oliver Cromwells**. Ein paar Jahrzehnte später – durch den Woll- und Leinenhandel mit England – wuchs die Stadt wieder. Dublin war im 18. Jh. sogar für kurze Zeit die zweitgrößte Stadt des Britischen Empires und die fünftgrößte in Europa – 130 000 Menschen lebten hier.

18. Jh. Reiche Protestanten versus arme Katholiken

1759 brachte die **Guinness-Brauerei** zusätzlichen Wohlstand. Lange Zeit war sie der wichtigste Arbeitgeber der Stadt. Während aber das weitgehend protestantisch dominierte Dublin prosperierte, verarmte allerdings das katholische Hinterland. Der Anteil der **Katholiken** am Grundbesitz betrug nur rund 15 % und sank im Laufe von weiteren 100 Jahren auf die Hälfte. Katholiken waren von öffentlichen Ämtern ausgeschlossen, ihnen war sogar der Schulbesuch untersagt. Um 1770 berichtete ein Stellvertreter des englischen Königs nach London, dass es ein erbärmlicheres Dasein als das der irischen Bauern nicht geben könne.

Um die Situation zu beruhigen, setzte London 1782 ein irisches **Parlament** ein, das in Dublin tagte, aber ausschließlich aus **Protestanten** bestand. Katholiken erhielten trotzdem ein beschränktes Wahlrecht und durften sogar Grundbesitz erwerben. Aber Unruhen veranlassten den englischen Premier **William Pitt**, die irischen Freiheiten einzuschränken: 1801 löste er das irische Parlament wieder auf und ließ dafür 100 irische Abgeordnete ins Londoner Unterhaus einziehen: Die

1800/01 Das Parlament in Dublin löst sich auf. Irland wird Teil des Vereinigten Königreichs.

1828/29 Daniel O'Connell wird als erster Katholik in das Unterhaus in London gewählt, er erreicht die völlige Gleichstellung der Katholiken mit den Protestanten.

1691 In Dublin tagt ein protestantisches Parlament: Es verabschiedet Strafgesetze, die Katholiken vom öffentlichen Leben ausschließen.

Vereinigung zwischen England und Irland – **Act of Union** genannt – war vollzogen. Dem weitsichtigen irischen Politiker **Daniel O'Connell** gelang es 1828, für die Katholiken das passive Wahlrecht zu erstreiten. Er wurde als erster irischer Katholik ins Londoner Unterhaus gewählt.

19. Jh. Die große Hungersnot

Doch dann kam die Katastrophe: Ab 1845 wurde vier Jahre in Folge die Kartoffelernte durch eine Pilzkrankheit vernichtet: Die amerikanische Knolle war im 17. Jh. in Irland angepflanzt worden und diente der armen Landbevölkerung als Hauptnahrungsquelle. Im Westen Irlands starben ganze Dörfer den Hungertod; wer noch die Kraft hatte, emigrierte oder zog zumindest in die Nähe großer Städte. »Sie kriechen zu Tausenden auf den Straßen umher und winseln um einen Bissen Brot«, schrieb ein Reisender. Aber die Ausfuhr von Getreide und Vieh nach England ging unvermindert weiter.

»**The Great Famine**« – die Große Hungersnot – forderte eine Million Tote in Irland. Eine weitere Million emigrierte – vor allem nach England, aber auch nach Amerika. Und auch Dublin veränderte sich: Viele Landflüchtlinge – gerade dem Hungertod entronnen – hatten sich in der Stadt niedergelassen, ganze Stadtviertel wurden zu einem Slum.

Unter den katholischen Iren setzte sich immer mehr die Idee durch, das Land von Irland aus zu regieren. »**Home Rule**« hieß die Parole, protestantische Iren waren allerdings dagegen. Die weitsichtige Politik des englischen Premierministers W. E. Gladstone brachte ab 1868 einen Umbruch. Er nahm der protestantischen **Church of Ireland** ihre privilegierte Stellung und verabschiedete ein Gesetz, das eine gerechte Behandlung der Landpächter vorsah.

1916 Der Osteraufstand

In der Frage des Home Rules verhärteten sich Anfang des 20. Jh. die Fronten: Den Befürwortern stand eine starke Gegenpartei gegenüber, die vom Dubliner Juristen **Sir Edward Carson** geführt wurde. Mit dem Kriegseintritt

1845–1849

Durch eine Kartoffelkrankheit fallen mehrere Ernten aus: Eine Million Iren stirbt, eine Million wandert aus.

1918

Die Sinn-Féin-Abgeordneten gründen in Dublin ein irisches Parlament, den Dáil Éireann.

1916

Am Ostersonntag besetzen Nationalisten das Dubliner Hauptpostamt. Ihr Anführer Padraig Pearse ruft die Republik aus.

Englands 1914 wurde das Home Rule-Gesetz dann doch verabschiedet, das nach Ende des Krieges in Kraft treten sollte. Aber es kam ganz anders: Am 24. April 1916 – einem Ostersonntag – schritten James Connolly, der Führer einer Miliz, Padraig Pearse und Eamon de Valera, ein junger Mathematiklehrer, zur Tat. Sie besetzten mit ihren Milizionären das Hauptpostamt in Dublin und Pearse verlas dort eine von ihm verfasste Proklamation der Irischen Republik. Dieser »Osteraufstand« wurde allerdings schnell niedergeschlagen. 64 Rebellen, 134 Soldaten und Polizisten und 220 Zivilisten fielen ihm zum Opfer, 4000 Menschen wurden inhaftiert, und der Stadtkern Dublins in Schutt und Asche gelegt. Connolly und Pearse wurden hingerichtet. Aber schon bald danach ließ sich die Unabhängigkeitsbewegung nicht mehr im Zaum halten. Die irische Partei Sinn Féin (irisch für »wir selbst«) und die Irish Republican Army (IRA) führten den politischen bzw. bewaffneten Kampf weiter. 1918 boykottierten die Wahlsieger der Sinn Féin das Londoner Unterhaus und bildeten ein eigenes Parlament in Dublin, den Dáil Eireann. Erster Präsident der selbst ernannten Republik wurde Eamon de Valera.

1920 IRA-Terror

Die IRA führte währenddessen ihren Guerillakrieg gegen die Briten: Am »Bloody Sunday«, dem 21. November 1920, ermordete sie in Dublin zwölf britische Offiziere, die meisten von ihnen im Schlaf. Als Vergeltung erschoss die Polizei am Nachmittag während eines Gaelic-Football-Spieles im Croke Park Stadium 13 Zivilisten, darunter den Captain des Teams aus Tipperary.

1921–1923 Unruhen und Bürgerkrieg

1921 wurde eine politische Lösung gefunden: Die nördlichen Provinzen in Ulster blieben britisch, der Süden wurde ein eigener Staat. Diese »Anglo-Irish Treaty« genannte Vereinbarung löste aber erst recht einen Bürgerkrieg aus: Die Patrioten rund um Michael Collins waren dafür, die Republikaner rund um Eamon de Valera, die kein

Durch den Anglo-Irischen Vertrag wird die Insel geteilt, der Süden – mit der Hauptstadt Dublin – wird Freistaat im britischen Commonwealth.

Das Land wird Republik und tritt aus dem Commonwealth aus.

1921

1949

1922 Zwischen Gegnern und Befürwortern des Vertrages bricht ein Bürgerkrieg aus.

1973 Irland tritt der Europäischen Gemeinschaft bei.

geteiltes Land wollten, dagegen. Nach einer zwölftägigen Redeschlacht wurde das Abkommen mit einer Mehrheit von 64 zu 57 Stimmen ratifiziert.

Das führte zum **Bürgerkrieg**: Abermals stand Dublins O'Connell Street in Flammen. Bis 1923 ließ die Regierung 77 Republikaner hinrichten, aber auch die Patrioten verloren ihren Wortführer: Collins wurde in einen Hinterhalt gelockt und erschossen.

1923 kapitulierten die Republikaner, aber Eamon de Valera kehrte in die Politik zurück: Für die Fianna Fáil wurde er nach der Wahl 1933 Regierungschef. Im Zweiten Weltkrieg galt Irland als neutral, wobei es militärische und geheimdienstliche Kooperationen mit den USA und Großbritannien gab.

1949 Irland wird Republik

1949, unter John A. Costello, wurde Irland **Republik** und trat aus dem Commonwealth aus. Bis 1954 blieb Irland allerdings ein rückständiges Land, in dem Bücher zensiert wurden, Verhütungsmittel streng verboten und Scheidungen fast unmöglich waren.

1970–1990 Beitritt zur EG

Das änderte sich bis zum Beitritt zur Europäischen Gemeinschaft 1973 nur marginal. In den 1990er-Jahren entwickelte sich Irland dann dank einer unternehmensfreundlichen Steuerpolitik zum »Celtic Tiger« und hatte **Wachstumsraten** zu verzeichnen, die zum Teil das Doppelte der EU betrugen.

Ab 2008 Unter dem EU-Rettungsschirm

Der Katzenjammer folgte 2008: Irlands aufgeblähtes **Bankensystem** kam ins Straucheln, das Land musste unter den europäischen Rettungsschirm. Doch früher als andere Krisenländer hat Irland den Schirm Ende 2013 wieder verlassen. An der führenden Rolle Dublins änderte sich seit Beginn der normannischen Herrschaft nichts: Es war Hauptstadt des Lordship of Ireland (1147–1541), des Kingdom of Ireland (1541–1800), Hauptstadt als Teil des United Kingdom (1801–1922) und der Irischen Republik (1919–1922), blieb es auch im Irischen Freistaat (1922–1949) und heute in der Republik Irland.

Mit Mary Robinson wird erstmals eine Frau Präsidentin Irlands.

1991

Irland verlässt vorzeitig den europäischen Rettungsschirm.

2013

2002

Der Euro ersetzt das irische Pfund als Währung.

KULINARISCHES LEXIKON

A

ale – obergäriges Bier
almonds – Mandeln

B

bacon – Speck
beef – Rind
bill – Rechnung
bitter – helles bitteres Bier
black pudding – Blutwurst
boiled eggs – gekochte Eier
braised – geschmort
brown bread – Vollkornbrot

C

cabbage – Kohl
cauliflower – Blumenkohl
cereals – Frühstücksflocken, Müsli
cheddar – würziger Hartkäse
cheque – Rechnung
chicken – Hähnchen
chips – Pommes frites
chop – Kotelett
chowder – Fischsuppe mit Schalen-
  tieren
cider – Apfelmost
clams – Venusmuscheln
cod – Kabeljau
corn – Mais
crab – Krebs
cranberries – Preiselbeeren
crisps – Kartoffelchips
cucumber – Gurke
cutlet – Kotelett

D

decaffeinated – koffeinfrei
deep fried – frittiert
dish of the day – Tagesgericht

draught beer – Bier vom Fass
Dublin coddle – Eintopf mit Wurst,
  Speck, Kartoffeln und Zwiebeln
dumplings – Klöße

E

eel – Aal

F

fish and chips – frittierter Fisch mit
  Pommes frites
fork – Gabel
fried eggs – Spiegeleier

G

game – Wild
gammon – geräucherter Schinken
garlic – Knoblauch
garnished – mit Beilagen
gateau – Torte

H

halibutt – Heilbutt
ham – gekochter Schinken
honey – Honig
herbs – Kräuter
herring – Hering
horseradish – Meerrettich
hot dish – scharf gewürztes Gericht

I

Irish coffee – Whiskey mit heißem
  Kaffee, Rohrzucker und Sahne
Irish stew – Eintopf mit Lamm, Kar-
  toffeln, Zwiebeln und Petersilie

J

jellied – in Aspik
joint – Keule

K

kidney – Nieren
kipper – geräucherter Hering

L

lager beer – helles Bier
lamb – Lamm
lettuce – grüner Salat
liver – Leber
lobster – Hummer
loin – Lendenstück

M

mashed potatoes – Kartoffelpüree
mint sauce – Minzsauce (zu Lamm)
mushrooms – Pilze
mussels – Miesmuscheln
mustard – Senf
mutton – Hammelfleisch

N

noodles – Nudeln

O

onions – Zwiebeln
oysters – Austern

P

parsley – Petersilie
pastry – Gebäck
peas – Erbsen
peppers – Paprikaschoten
pheasant – Fasan
pickles – sauer eingelegtes Gemüse
pie – Pastete
pike-perch – Zander
pint – 0,57 Liter Bier
plaice – Scholle
pork – Schweinefleisch
porridge – Haferbrei
porter – dunkles süßlicheres Bier
poultry – Geflügel
prawns – Garnelen

R

rabbit – Kaninchen
rashers – Frühstücksspeck
raspberries – Himbeeren
red cabbage – Rotkohl
red mullet – Rotbarbe
roast – Braten
roll – Brötchen

S

salmon – Lachs
scallop – Kamm-Muschel
scrambled eggs – Rührei
service charge – 10–15 % Aufschlag für
    Bedienung
set price lunch/dinner – Menü-
    angebot, drei Gänge
shepherd's pie – Fleischauflauf mit
    Kartoffelbreikruste
smoked – geräuchert
sole – Seezunge
soup – Suppe
spicy – herzhaft gewürzt
spinach – Spinat
starters – Vorspeisen
stew – Eintopf
stout beer – dunkles stärkeres Bier
strawberries – Erdbeeren
stuffed – gefüllt

T

tart – Obsttorte
trout – Forelle
tuna – Thunfisch

V

veal – Kalbfleisch
vegetables – Gemüse
vinegar – Essig

W

whipped cream – Schlagsahne
white cabbage – Weißkohl

SERVICE

Anreise

MIT DEM AUTO

Unter www.discoverireland.com findet man eine komplette Liste über die Fährverbindungen von und nach Irland. Vom Kontinent aus fahren die Fähren von Cherbourg (Frankreich) nach Rosslare im Südosten Irlands. Von hier fährt man noch weitere 150 km nach Dublin (weitere Infos über Fährverbindungen: www.irishferries.com).

MIT DER BAHN

Mit der Bahn bzw. mit der Fähre kann man von allen deutschen, österreichischen und Schweizer Bahnhöfen (über London) nach Dublin fahren. Infos über www.bahn.de, www.oebb.at oder www.sbb.ch.

MIT DER FÄHRE

Direkte Verbindungen nach Dublin gibt es ab Holyhead in Wales mit Irish Ferries oder Stena Line, ab Holyhead bis Dún Laoghaire bei Dublin mit Stena, ab Liverpool nach Dublin mit DFDS Seaways, P & O Irish Sea. »Landbridge«: Mit der Fähre gelangt man bis Großbritannien, mit dem Pkw weiter zu den genannten Fährhäfen. Informationen hält Tourism Ireland bereit: www.discoverireland.com/de.

BÜROS DER FÄHRGESELL-SCHAFTEN

Irish Ferries   🚢 östl. G 5

Dublin 1 | Alexandra Road | Tel. 0 81 81 30 04 00 | www.irishferries.com

Stena Line   🚢 südöstl. G 9

Ferry Terminal Dún Laoghaire | Tel. 2 04 77 77 | www.stenaline.ie

MIT DEM FLUGZEUG

Dublin wird von den wichtigsten großen und einer Reihe kleiner Fluglinien angeflogen. Die meisten Verbindungen bieten die beiden irischen Carrier Ryanair (u. a. von Frankfurt/Hahn, Berlin-Schönefeld, Düsseldorf Weeze und Memmingen/München-West, www.ryanair.com) und Aer Lingus (Berlin-Schönefeld, Düsseldorf, Hamburg, München, Wien und Zürich, www.aerlingus.com) an. Lufthansa (www.lufthansa.com) fliegt Dublin ebenfalls von allen großen Flughäfen an.

Dublin Airport ist der größte Flughafen des Landes und liegt rund 13 km nördlich der Innenstadt an der Autobahn M 1. Am schnellsten kommt man von dort aus mit dem Bus in die Innenstadt (Airlink, www.airlink.ie): Die Busse fahren alle 10 bis 20 Min. zu den Endstationen Heuston Station und Connolly Station. Das Ticket kostet 6 € für eine Strecke, hin und retour 10 €, die Fahrt dauert rund 30 Min. Taxis vom Flughafen in die Innenstadt kosten rund 25 €.

Auskunft

IN DEUTSCHLAND

Tourism Ireland

Gutleutstr. 32, 60329 Frankfurt/Main | Tel. 0 69/66 80 09 50 | www.discoverireland. com/de, www.ireland.com

IN ÖSTERREICH

Tourism Ireland

Argentinierstr. 2/4, 1040 Wien | Tel. 01/
5 01 59 60 00 | www.discoverireland.
com/at

IN DER SCHWEIZ

Tourism Ireland

Badenerstr. 15, 8004 Zürich | Tel. 0 44/
2 10 41 53 | www.discoverireland.ch

IN DUBLIN

Dublin Tourism   F 5

Suffolk St., St. Andrew's Church | www.
visitdublin.com | Mo–Sa 9–17.30, Juli–
Aug. bis 19, So, feiertags 10.30–15 Uhr

Buchtipps

Peter Costello, Hans-Christian Oeser: Die Pubs der Dichter (Rotbuch, 1998) Die beiden Autoren zeigen in ihrem Buch das Pub an sich und die berühmtesten Lokalitäten Dublins.

Roddy Doyle: Henry der Held (Fischer Taschenbuch Verlag, 2009) Die Geschichte eines Dubliner Slumkids, das als Jugendlicher mitten in die Revolutionsjahre von 1916 bis 1922 schlittert, farbenfroh geschildert von Roddy Doyle, der auch mit »The Commitments« der Dubliner Jugend (und Musik) der 1980er-Jahre ein Denkmal setzte. Eine Fortsetzung des Romans – »Die Rückkehr des Henry Smart« – ist 2013 bei Hanser erschienen.

James Joyce: Dubliners (Reclam, 2012) Wir wollen Sie nicht gleich mit »Ulysses« oder »Finnegan's Wake« belasten, aber zum Einstieg in das Werk des wohl wichtigsten irischen Autors sei dieser Roman wärmstens empfohlen: Storys aus dem Dublin des späten 19. Jh.

Bernard Meehan: Book of Kells (Herder, 2012) Der Autor hat 2012 sein Standardwerk über das Book of Kells (in englischer und in deutscher Sprache) wieder aufgelegt, u. a. mit ganzseitigen Reproduktionen und vielen Details über das berühmteste Buch Irlands.

Edward Rutherfurd: Die Rebellen von Irland. Die große Dublin Saga (Heyne TB, 2007) Historischer Roman zu vier Jahrhunderten irischer Geschichte.

City Card

Der Dublin Pass gewährt freie Benutzung des Flughafenbusses Aircoach, sorgt für freien Eintritt in mehr als 30 Museen und gibt Vergünstigungen bei Stadtführungen, im Abbey Theatre und anderen Veranstaltungsorten. Er kostet für 1 Tag 35 € (Kinder 19 €), 2 Tage 55 € (Kinder 31 €), 3 Tage 65 € (Kinder 39 €).

Ist man viel mit dem Bus unterwegs, dann ist man mit dem Freedom Ticket von Dublin Bus gut beraten. Es gilt 3 Tage und kostet für Erwachsene 28 €, für Kinder 12 €. Man kann alle Buslinien benutzen, ebenso die Dublin Bus Hop-on-Hop-off-Tour und den Airlink Express zum Dublin Airport.

Diplomatische Vertretungen

Deutsche Botschaft   südöstl. G 9

31 Trimleston Ave., Booterstown, Blackrock, Co. Dublin | Tel. 0 12 69 30 11

Österreichische Botschaft G 8

Dublin 4 | 93 Ailesbury Rd., 15 Ailesbury Court Apartments | Tel. 0 12 69 45 77 | www.aussenministerium.at/dublin

Schweizer Botschaft   östl. G 8

Dublin 4 | 6 Ailesbury Rd., Ballsbridge | Tel. 0 12 18 63 82/83 | www.eda.admin. ch/dublin

Feiertage

1. Januar New Year's Day (Neujahr)
17. März St. Patrick's Day (National-feiertag)
Good Friday (Karfreitag)
Easter Monday (Ostermontag)
1. Montag im Mai, Juni, August Bank Holiday
Letzter Montag im Oktober Bank Holiday
25. Dezember Christmas (Weihnachten)
26. Dezember St. Stephen's Day

Geld

Irland hat den Euro. Bankomaten (»cash machine«) findet man überall in der Stadt, die Auszahlungssumme ist allerdings beschränkt.

Links und Apps

LINKS

www.discoverireland.com
Auf der Website der irischen Fremden-verkehrszentrale kann man Hotels oder Bed & Breakfast buchen und sich allerlei Infos über Veranstaltungen in und um Dublin holen.
www.visitdublin.com
Die wichtigste Website, wenn man über Öffnungszeiten, aktuelle Veran-staltungen etc. in der Stadt informiert sein will.

APPS

www.visitdublin.com
Unter diesem Link findet man auch eine nützliche Gratis-App für iPhone und Android-Handys, die über Se-henswürdigkeiten, Restaurants und Hotels, Festivals, Events und Dublins Nachtleben informiert.
www.dublinbus.ie
Auch dieser Link bietet nützliche Apps über die aktuellen Busverbindungen zum Download (für iPhone und And-roid).

Medizinische Versorgung

KRANKENVERSICHERUNG

Mitglieder der gesetzlichen Kranken-versicherung eines EU-Staates können sich nach Vorlage der Europäischen Krankenversicherungskarte kostenlos in irischen Krankenhäusern und bei Ärzten – insofern sie einen Vertrag mit der irischen Krankenkasse haben – untersuchen und behandeln lassen. Schweizer müssen die Behandlungs-kosten selbst tragen. Eine Zusatzversi-cherung ist aber auf Reisen immer empfehlenswert.

KRANKENHÄUSER

Die wichtigsten Krankenhäuser in Dublin sind das St. James Hospital und das Beaumont Hospital.

St. James Hospital   B 6

Dublin 8 | James's St. | LUAS: St. James | Tel. 4 10 30 00 | www.stjames.ie

Beaumont Hospital   nordöstl. G 1

Dublin 9 | Beaumont Rd., Beaumont | Bus: ab Connolly Train Station bis Beaumont Hospital | Tel. 8 09 30 00 | www.beaumont.ie

APOTHEKEN

Die Dubliner Apotheken sind in der Regel von 9–18 Uhr geöffnet.

Nebenkosten

1 Tasse Kaffee	2,50 €
1 Pint Bier (0,6 l)	4,50 €
1 Glas Coca-Cola	3,00 €
1 Brot (500 g)	1,00–3,00 €
1 Schachtel Zigaretten	ab 8,00 €
1 Taxifahrt (pro km)	1,20 €
1 Liter Benzin	1,50 €
Mietwagen/Tag	ab 20,00 €

Notruf

Euronotruf: Tel. 112
(Polizei, Feuerwehr, Rettungsdienst)

Post

Briefmarken erhält man in Souvenirshops und Postfilialen. Eine Ansichtskarte/einen Brief in die EU und in die Schweiz frankiert man mit 0,90 €. Die Briefkästen sind grün.

Reisedokumente

Deutsche, Österreicher und Schweizer benötigen für die Einreise nach Irland einen gültigen Reisepass. Personalausweise bzw. Identitätskarten werden nicht von allen Fluggesellschaften akzeptiert. Kinder und Jugendliche unter 16 Jahren benötigen einen gültigen Kinderreisepass, die bisherigen Kinderausweise ohne Fotos werden bei der Einreise nicht immer anerkannt. Seit 2012 ist der Kindereintrag im Reisepass eines Elternteils nicht mehr gültig.

Reiseknigge

Im katholischen Irland muss man darauf achten, **Gotteshäuser** immer in angemessener Kleidung zu betreten, auch wenn sonst leicht bekleidete Touristen toleriert werden.

Rauchen ist im Freien erlaubt, Pubs und Restaurants haben dafür oft einen Hinterhof vorgesehen.

Trinkgeld ist in Restaurants teilweise im Rechnungspreis enthalten, wenn nicht, sind rund 10 % vorgesehen.

Dublins **Pubs** öffnen von Mo–Sa ab 10.30 und So ab 12 Uhr. »Last orders« platziert man Mo–Do um 23.30, Fr und Sa um 0.30 und So um 23 Uhr. Zum Austrinken bleiben einem dann rund 30 Min. Zeit. An den Wochenenden schenken »Late Bars« bis 1.30 und Nachtklubs bis 2.30 Uhr aus. An Sonntagen schließen beide um 1 Uhr.

Klima (Mittelwerte)

	Januar	Februar	März	April	Mai	Juni	Juli	August	September	Oktober	November	Dezember
Tages-temperatur	2	2	5	11	16	20	22	21	18	12	7	4
Nacht-temperatur	−2	−3	−1	3	8	11	14	14	11	7	3	1
Sonnen-stunden	1	2	4	6	8	9	8	7	6	3	1	1
Regentage pro Monat	11	9	7	9	7	9	10	10	10	10	10	15

Reisezeit

Das Klima Dublins ist weitgehend vom Meer beeinflusst und wird geprägt von milden Wintern und kühlen Sommern. Die Temperaturen schwanken zwischen durchschnittlich 8,8 °C im Januar und 20,2 °C im Juli. Mai und Juni sind die sonnigsten Monate. Die Niederschlagsdifferenz zwischen dem feuchtesten Monat (Oktober) und dem trockensten (Februar) ist allerdings gering. Ringsend im Süden Dublins ist der trockenste Ort in Irland. Besonders lohnend sind Reisen nach Dublin zwischen Mai und September, dann kann man den (langen) Tag voll auskosten.

Sicherheit

Dublin ist eine relativ sichere Stadt, die Kriminalität Touristen gegenüber hält sich in Grenzen. In den Haupteinkaufsstraßen bzw. in Temple Bar sollte man allerdings ein Auge auf seine Wertsachen haben.

Stadtführungen

Dublin Bus Tours (www.dublinbus.ie) bietet eine Reihe von Bus-Touren durch die Stadt an – geografisch (City oder Coast Tour) oder thematisch aufbereitet. Tgl. zu verschiedenen Abfahrtszeiten.
Dublin Footsteps Walking Tours (Tel. 0 14 96 06 41) starten am Bewley's Oriental Café in der Grafton Street und erforschen Dublins Architektur und Literatur. Mo, Mi, Fr, Sa 10.30 Uhr, Preis 11 €
Dublin Literary Pub Crawl (www.dublinpubcrawl.com) bietet einen dreistündigen Spaziergang, bei dem Literatenpubs – und ihre Biere – entdeckt werden.

April–Nov. Mo–Sa 19.30, So 12 und 19.30, Dez.–März Do–So 7.30 Uhr | 12 €

Strom

Die Normalspannung beträgt 220 bis 240 Volt, Steckdosen verlangen aber meist dreipolige Stecker. Adapter gibt es im Elektrohandel oder meist auch im Hotel.

Telefon

VORWAHLEN

D, A, CH ▶ **Irland** 0 03 53
Irland ▶ **D** 00 49
Irland ▶ **A** 00 43
Irland ▶ **CH** 00 41

Anschließend für Dublin die Null weglassen, also 1 statt 01 wählen. Von Irland aus für deutschsprachige Länder bei der Ortsvorwahl die Null weglassen.
In Irland selbst zahlt man die europäischen Roamingtarife, es ist allerdings um einiges günstiger, wenn man sich auf dem Handy von zu Hause aus anrufen lässt. Roamingpakete, die man bei seinem Provider vor Antritt der Reise kauft, halten die Kosten überschaubar. Die wichtigsten Handynetze sind Meteor, Vodafone, O2 und 3.

Verkehr

AUTO

In Dublin gilt – wie in ganz Irland – Linksverkehr, d. h. auch bei Mietautos ist fast alles, außer der Zündung, seitenverkehrt. Rund um Dublin führt der M 50 Motorway, eine halbkreisförmige Stadtautobahn; an der West-Link-Mautbrücke (Toll-Bridge) wird Maut verlangt – aktuell 3 € pro Fahrzeug. Der Dublin Port Tunnel verbindet den

Hafen mit der M1 (der Autobahn in Richtung Norden). Im innerstädtischen Verkehr gibt es noch eine innere und eine äußere Ringstraße: die innere führt um die Altstadt, die äußere folgt dem Kreis, der vom Grand Canal und vom Royal Canal gebildet wird.

Die Parkmöglichkeiten in der City sind begrenzt. Parkhäuser gibt es im Zentrum; die Tageskosten liegen bei 20 € und mehr.

FAHRRAD

Dublin ist sehr gut mit dem Rad zu erkunden: Viele Straßen haben Radstreifen, und auch die städtischen Parks sind bestens für Radfahrer geeignet.

FAHRRADVERMIETUNGEN

Dublin Bikes
Dublin City (40 verschiedene Standorte mit je 15 Radplätzen) | Tel. 0 18 50 77 70 70 | www.dublinbikes.ie | bis zu 30 Min. kostenlos

Mikes Bikes südöstl. G 9
Dún Laoghaire, Co. Dublin | Tel. 0 12 80 04 17

Phoenix Park Bike Hire A 4/5
Dublin City | Tel. 08 62 65 62 58 | www.phoenixparkbikehire.com

The Spokesman südöstl. G 9
Killiney, Co. Dublin | Tel. 08 68 54 56 54

MOUNTAINBIKING:

Seit 2011 ist der Mountainbike-Trail im Ticknock Forest nahe Sandyford in Betrieb. Der Rundkurs führt über rund 8 km und durch eine wunderbar grüne Waldlandschaft mit einer herrlichen Aussicht über Dublin, seine Bucht und die Wicklow Mountains. Der Trail führt in eine Richtung und weist schöne Abfahrten ebenso auf wie Sprünge und Felspassagen.

Karten und Informationen: www.coillteoutdoors.ie

www.irishxcmtb.com, www.irishdh.com

MIETWAGEN

Einen Mietwagen benötigt man in Dublin eigentlich nur für (natürlich sehr lohnenswerte) Ausflüge in den Rest Irlands. Fast alle wichtigen Vermieter haben Filialen am Flughafen Dublin. Die Fluglinie, mit der man anreist, hat meistens auch günstige Kombitarife anzubieten (z. B. Aer Lingus mit Hertz).

ÖFFENTLICHE VERKEHRSMITTEL

Rund 200 Busstrecken verbinden alle Ecken Dublins untereinander. Die Tickettarife liegen bei rund 2 € (je nach Strecke, einfache Fahrt) bzw. 6,50 € (1 Tag), 15 € (3 Tage) und 25 € (5 Tage).

DART

Der DART (Dublin Area Rapid Transit) ist Dublins Hauptbahnverbindung und führt entlang der Dublin Bay von Malahide im North County bis Greystones in County Wicklow. Im Stadtzentrum sind drei Bahnstationen: Pearse Station, Tara Street Station und Connolly Station, Connolly und Pearse sind auch mit Intercity-Linien von Irish Rail verbunden.

www.irishrail.ie

LUAS

LUAS ist ein modernes Straßenbahnsystem: Die Red Line verknüpft die Docklands und das Stadtzentrum mit

den südwestlichen Vororten, die Green Line das Stadtzentrum mit den südlichen Vororten. Die Bauarbeiten für eine Erweiterung der Green Line in den Norden der Stadt haben 2013 begonnen.
www.luas.ie

Taxi

Taxis – meist die Black Taxis – findet man an den wichtigsten Plätzen in der Innenstadt, an den Bahnhöfen und am Flughafen. Der Mindestfahrpreis beträgt 2,41 €, jede weitere Neuntelmeile oder 40 Sek. kosten 0,50 €.

Zeitungen und Zeitschriften

Die größten irischen Tageszeitungen sind die nationale »Irish Times« und der »Irish Independent« bzw. der lokale »Herald«. Sie informieren über aktuelle Veranstaltungen. Zu den wichtigsten Eventmagazinen gehört »Totally Dublin« (www.totallydublin.ie).

Zeitverschiebung

Gegenüber Deutschland, Österreich und der Schweiz werden die Uhren generell eine Stunde zurückgestellt.

Zoll

Reisende aus Deutschland und Österreich dürfen Waren abgabenfrei mit nach Hause nehmen, wenn diese für den privaten Gebrauch bestimmt sind. Bestimmte Richtmengen sollten jedoch nicht überschritten werden (z. B. 800 Zigaretten, 90 l Wein, 10 kg Kaffee). Weitere Auskünfte unter www.zoll.de und www.bmf.gv.at/zoll.
Reisende aus der Schweiz dürfen Waren im Wert von 300 SFr. abgabenfrei mit nach Hause nehmen, wenn diese für den privaten Gebrauch bestimmt sind. Tabakwaren und Alkohol fallen nicht unter diese Wertgrenze und bleiben in bestimmten Mengen abgabenfrei (z. B. 200 Zigaretten, 2 l Wein). Weitere Auskünfte unter www.zoll.ch.

Entfernungen (in Minuten) zwischen wichtigen Orten
* mit öffentlichen Verkehrsmitteln

	Trinity College	St. Stephen's Green	Merrion Square	Custom House	Writers Museum	Nat. Museum Collins Barracks	Jameson Distillery	Guinness Storehouse	Phoenix Park	Howth
Trinity College	–	15	20	15	25	20*	12*	15*	20*	30*
St. Stephen's Green	15	–	15	20	35	30*	27*	30*	35*	30*
Merrion Square	20	5	–	25	40	30*	30*	35*	35*	30*
Custom House	15	20	25	–	20	15*	10*	20*	15*	35*
Writers Museum	25	35	40	20	–	30*	25*	35*	40*	30*
Nat. Museum Collins Barracks	20*	30*	30*	15*	30*	–	10	15	15	40*
Jameson Distillery	12*	27*	30*	10*	25*	10	–	25	15	40*
Guinness Storehouse	15*	30*	35*	20*	35*	15	25	–	35	45*
Phoenix Park	20*	35*	35*	15*	40*	15	15	35	–	50*
Howth	30*	30*	30*	35*	30*	40*	40*	45*	50*	–

ORTS- UND SACHREGISTER

Wird ein Begriff mehrfach aufgeführt,
verweist die **fett** gedruckte Zahl auf die Hauptnennung.
Abkürzungen: Hotel [H] · Restaurant [R]

Literarische Streifzüge durch die Welt –
mit beliebten Autoren die schönsten Regionen
und Metropolen entdecken.

MERIAN
erzählt

MERIAN
erzählt
Toskana

MERIAN
erzählt
Mallorca

MERIAN
erzählt
Paris

MERIAN
erzählt
Berlin

MERIAN
erzählt
München

Hoffmann und Campe

Liebe Leserinnen und Leser,

vielen Dank, dass Sie sich für einen Titel aus unserer Reihe MERIAN *momente* entschieden haben. Wir wünschen Ihnen eine gute Reise. Wenn Sie uns nun von Ihren Lieblingstipps, besonderen Momenten und Entdeckungen berichten möchten, freuen wir uns. Oder haben Sie Wünsche, Anregungen und Korrekturen? Zögern Sie nicht, uns zu schreiben!

Alle Angaben in diesem Reiseführer sind gewissenhaft geprüft. Preise, Öffnungszeiten usw. können sich aber schnell ändern. Für eventuelle Fehler übernimmt der Verlag keine Haftung.

© 2014 TRAVEL HOUSE MEDIA
GmbH, München
MERIAN ist eine eingetragene Marke der
GANSKE VERLAGSGRUPPE.

TRAVEL HOUSE MEDIA
Postfach 86 03 66
81630 München
merian-momente@travel-house-media.de
www.merian.de

Alle Rechte vorbehalten. Nachdruck, auch
auszugsweise, sowie die Verbreitung durch
Film, Funk, Fernsehen und Internet, durch
fotomechanische Wiedergabe, Tonträger und
Datenverarbeitungssysteme jeglicher Art nur
mit schriftlicher Genehmigung des Verlages.

**BEI INTERESSE AN MASSGESCHNEIDERTEN
MERIAN-PRODUKTEN:**
Tel. 0 89/4 50 00 99 12
veronica.reisenegger@travel-house-media.de

BEI INTERESSE AN ANZEIGEN:
KV Kommunalverlag GmbH & Co KG
Tel. 0 89/9 28 09 60
info@kommunal-verlag.de

1. Auflage

VERLAGSLEITUNG
Dr. Malva Kemnitz
REDAKTION
Anne Köhler
LEKTORAT
Rosemarie Elsner
BILDREDAKTION
Susann Jerofsky
SCHLUSSREDAKTION
Andrea Lazarovici
HERSTELLUNG
Bettina Häfele, Katrin Uplegger
SATZ/TECHNISCHE PRODUKTION
h3a GmbH, München
REIHENGESTALTUNG
Independent Medien Design, Horst Moser,
München (Innenteil), La Voilà, Marion
Blomeyer & Alexandra Rusitschka, München
und Dublin (Coverkonzept)
KARTEN
Gecko-Publishing GmbH für MERIAN-
Kartographie
DRUCK UND BINDUNG
Firmengruppe APPL, aprinta Druck,
Wemding

Ein Unternehmen der
GANSKE VERLAGSGRUPPE

PEFC™
PEFC/04-32-0928

BILDNACHWEIS
Titelbild (O'Connell Street): Irish Image Collection: DanitaDelimont.com
Abeer 133 | Alamy: S. Emerson 126/127 | ANA: J. Rollinger 114 | Boltin Picture Library 113 | Corbis 54, 96, 131, Art Widak/Demotix 12 | B. Corsico 37 | Design Pics: images.de 102 | dpa Picture-Alliance: J. Behal 55 | J. Fennell 22 | Getty Images: Hulton Archive 142, D. Kelly/Collection: Moment 160 | T. Hart 78 | Interfoto: Sammlung Rauch 138 | Istockphoto: Blowbackphoto 17, Cezzar1981 46, Kulicki 82 | Jahreszeiten Verlag: GourmetPictureGuide 13, D. Hagenguth 71, P. Koschel 73 | John Warburton-Lee Photography Ltd: C. Davitt 2 | T. Kallergis 49 | R. Kavanagh 14 | Laif: P. Frilet/hemis.fr 11, 68, M. Gonzalez 10, 50, 62, 74, 121, P. Hirth 136, G. Knechtel 60, K. Raach 4/5, 6, 45, 108, Redux/The New York Times 42 | Little Museum 116 | Lookfoto 99, 123, I. Pompe 134/135 | The Marker 16, 25, 95 | Mauritius Images: J. Abecasis/Imagebroker 160, Age 30, 118, Alamy 15, 20/21, 38, 41, 57, 90, 101, 141, R. Mattes 87 | M. O'Toole 81 | P. Ogden, Collection: Dublin City Gallery The Hugh Lane 11, 110 | Om Diva 19 | One Pico 29 | E. Petrova 129 | Prisma: M. Cristofori 26 | privat 60, 61 | J. Scodeler 58/59 | Shutterstock: foto76 34, Kada 143, O. Popova 141, Semmick Photo 13 | Skerries Mills 107 | StockPhoto 138 | Vario Images: Irish Image Collection 56, 125, RHPL 11, 67 | Wikimedia Commons 139, 140 | World Economic Forum: swiss-image.ch 143

DUBLIN GESTERN & HEUTE

In der Mitte der **O'Connell Street**, dort, wo bis März 1966 die von der IRA gesprengte Nelson-Säule stand, ragt seit Anfang 2003 Dublins neues Wahrzeichen in den Himmel: **The Spire** (▶ S. 88), eine 121 m hohe und 126 t schwere Nadel aus Edelstahl. Offiziell heißt die längste Skulptur der Welt, in deren Spitze ein weithin sichtbares Licht integriert ist, »Monument of Light«. Im Volksmund wird sie allerdings gern etwas ironisch als »Stiletto in the Ghetto« oder »Stiffey by the Liffey« betitelt.